G

10687

BIBLIOTHÈQUE
PORTATIVE
DES VOYAGES.
TOME II.

CONDITIONS DE LA SOUSCRIPTION.

L'ouvrage sera publié en 12 *livraisons*, qui seront mises en vente de mois en mois, à dater du 15 *Mai*; chaque livraison sera composée de 4 volumes; la dernière seule en aura 5, et sera néanmoins du même prix que les précédentes.

Le prix de chaque livraison, pour les personnes qui souscriront avant le 1er *Juillet prochain*, est fixé, sur papier fin, à . . 5 fr.
Papier d'Angoulême, Nom-de-Jésus. 8
Papier vélin satiné, fig. avant la lettre. 10
Papier vélin satiné, Nom-de-Jésus, figures avant la lettre 15
Passé le 1er Juillet, le prix pour les non-souscripteurs, sera, en papier fin. . 6
Papier d'Angoulême, Nom-de-Jésus. 10
Papier vélin satiné. 12
Papier vélin satiné, Nom-de-Jésus. 20

Il faut ajouter 1 fr. 50 c. au prix de chaque livraison pour recevoir l'ouvrage franc de port par la poste.

ON NE PAYE RIEN D'AVANCE.

DE L'IMPRIMERIE DE G. MUNIER.—AN VII.

BIBLIOTHÈQUE
PORTATIVE
DES VOYAGES,

TRADUITE DE L'ANGLAIS

Par MM. HENRY *et* BRETON.

TOME II.

~~~~~~

VOYAGE DE BRUCE.

TOME II.

PARIS,
Chez Mme V.e LEPETIT, libraire, rue
Pavée-Saint-André-des-Arcs, n.º 2.
1817.

VOYAGE
AUX
SOURCES DU NIL.

SUITE DU LIVRE PREMIER.

La rade de Jidda est très-vaste. Elle renferme un grand nombre de bas-fonds, de petites îles, de rochers à fleur d'eau, entre lesquels il y a divers canaux. De quelque côté que le vent souffle, on est bien abrité dans le port.

M. Bruce éprouva l'accueil le plus singulier, à son arrivée dans cette ville. La forme de ses habillemens et la négligence qui paroissoit sur toute sa personne, le faisoient ressembler si fort à un matelot turc, que l'Emir Bahar (le capitaine du port) fut extrêmement surpris, lorsqu'il apprit que c'étoit un Anglais. S'étant présenté de la sorte à un Ecossais de ses parens, celui-ci se mit dans une colère violente, en l'appelant coquin, voleur, fripon de renégat; et il l'assura que s'il avançoit encore un pas, il le jetteroit en bas des degrés.

Au sortir de chez cet honnête homme, M. Bruce alla chez un capitaine anglais qui le reçut mieux, quoiqu'il le prît pour un mendiant. Ce capitaine le recommanda à ses gens, et ceux-ci lui servirent à dîner.

Après qu'il eut mangé, notre voyageur, qui d'ailleurs étoit un peu indisposé, s'endormit sur une natte. Quelques-uns de ses domestiques, cependant, avoient suivi ses effets à la douane, et d'autres étoient restés à bord, pour empêcher le pillage de ce qui n'étoit pas encore débarqué. Il avoit ses clefs sur lui, et le Visir Yousef Cabil étoit allé dormir, ainsi qu'il avoit coutume de le faire, tous les jours à midi. Aussitôt que Cabil s'éveilla, il voulut s'emparer du bagage de notre voyageur. Il demanda les clefs des malles. Un des domestiques répondit qu'il alloit les chercher à l'instant. Tout délai étoit trop long. On ne pouvoit accorder une seule minute. Accoutumés à dérober, les gens de la douane ne forcèrent point les serrures, mais ils défirent adroitement les couplets qui étoient derrière les couvercles, et par ce moyen ils ouvrirent les malles, sans avoir besoin de clefs.

La première chose qui se présenta aux yeux du Visir, fut le firman du Grand-Seigneur, superbement écrit, en tête duquel étoit un beau titre, avec une suscription parsemée de poudre d'or, et bien enveloppé dans du taffetas vert. Venoit ensuite un autre sac de soie broché d'or, contenant des lettres adressées au Shérif de la Mecque; puis un troisième de satin cramoisi, renfermant des lettres pour Metical Aga, selictar, ou porte-sabre du Shérif, son premier ministre et son favori. Le gouverneur trouva enfin une lettre d'Ali-Bey, pour lui-même; et cette lettre étoit écrite avec toute la supériorité d'un souverain à son esclave.

Le Bey lui mandoit sans ménagement, que les gouvernemens de Jidda, de la Mecque et des autres états du Shérif, étoient plongés dans le désordre, et que les voyageurs y étoient sans cesse épouvantés, pillés, arrêtés. Il le prévenoit, en conséquence, que, si rien de pareil arrivoit au porteur de cette lettre, il n'écriroit point, il ne se plaindroit point; mais qu'il enverroit punir le crime jusqu'aux portes de la Mecque.

Il y avoit encore dans la malle une autre lettre pour le Visir. Cette lettre étoit d'un marchand du Caire qui le chargeoit de compter mille sequins à vue, à M. Bruce, et même plus, s'il en avoit besoin.

Le Visir Cabil sentit qu'il étoit allé trop loin. Il fit des reproches au domestique de ne l'avoir pas prévenu de la qualité de son maître. Il lui ordonna en même-temps de reclouer la malle. Le domestique s'y refusant, Cabil le fit faire par ses gens. Ensuite il monta à cheval, et accompagné de soldats, presque nus, il se rendit à la maison de la factorerie anglaise, où chacun fut en alarmes.

A son approche, on fit beaucoup de recherches pour trouver le gentilhomme anglais. Personne ne l'avoit vu: mais on dit qu'un de ses valets étoit alors dans la maison. M. Bruce tranquillement assis sur sa natte, prenoit une tasse de café, quand il vit entrer le cheval du Visir dans la cour, qui fut aussitôt remplie de monde. Un des commis de la douane demanda au prétendu valet: « où étoit son maître ? » — « Dans le ciel ! » répondit-il. Le domestique de l'Emir Bahar conduisit alors le Visir vers l'Anglais. Cabil répéta la question du commis: mais M. Bruce lui déclara qu'il ne savoit point ce que signifioit une pareille demande; qu'il étoit la personne dont on avoit transporté les équipages à la douane, et en faveur de qui le Grand-Seigneur et Ali-Bey avoient écrit. A ces mots, le visir parut fort étonné, et demanda au voyageur, comment il pouvoit être aussi mal vêtu ? Celui-ci répondit : « Votre question ne doit pas être « faite sérieusement. Je crois qu'au- « cun homme ne voudroit paroître « mieux habillé, dans le voyage « que je viens de faire. D'ailleurs, « vous ne m'avez pas laissé la liberté « de changer, puisque tous mes ef- « fets sont depuis plus de quatre « heures de temps à la douane, jus- « qu'à ce qu'il vous plaise de me les « faire rendre. » Tout s'arrangea à l'instant.

On s'employa de tous côtés à procurer à M. Bruce des lettres les plus pressantes pour le Naïb de Masuah, pour le roi d'Abyssinie, pour Michaël Souhoul, son ministre, et pour le roi de Sennaar. Ces lettres étoient

étoient des plus favorables, et écrites par Métical Aga, qui les remit à l'un de ses officiers, le chargeant, en même temps, d'accompagner notre voyageur. Celui-ci croit fermement que cette mesure lui valut la conservation de la vie.

De toutes les choses nouvelles qu'il avoit vues jusqu'alors, aucune ne le surprit autant que la manière dont se fait le commerce de Jidda. Des navires anglais étant arrivés, chargés de blé, un marchand turc voulut acheter leurs cargaisons. En conséquence, deux courtiers indiens (des Banians) vinrent pour conclure le marché. Ils s'assirent sur un tapis, vis-à-vis l'un de l'autre, et l'un d'eux prit son schall qu'il étendit, et sous lequel ils placèrent leurs mains. Ensuite ils s'entretinrent de choses indifférentes, de l'arrivée des vaisseaux des Indes, des nouvelles du jour, parlant enfin, comme s'ils n'avoient point eu d'affaires sérieuses à traiter. Au bout de vingt minutes employées à se toucher réciproquement les doigts sous le schall, le marché fut conclu, sans qu'ils eussent prononcé un seul mot qui s'y rapportât, sans qu'ils se fussent servi de plume et d'encre. Il n'y a cependant pas un seul exemple de difficultés survenues dans ces sortes de conventions.

Mais l'argent n'étoit pas compté: un simple particulier qui ne possédoit rien que sa réputation, devint responsable du paiement des riches cargaisons de neuf vaisseaux. Son nom étoit Ibrahim Saraf, c'est-à-dire, Ibrahim le courtier. Cet homme déchira un certain nombre de sacs de toile, remplis de ce que l'on supposoit être de l'argent. Il avoit marqué sur chacun de ces sacs, ce qu'il étoit censé contenir, et il y avoit apposé son cachet. Tous furent pris pour ce qui étoit écrit dessus, sans que personne en eût ouvert un seul. De tels sacs sont reçus couramment dans toute l'Inde, autant que la toile peut durer.

Jidda, ainsi que tout le reste des côtes orientales de la mer Rouge, est un séjour très-mal-sain. Presque aux portes de la ville, dans un désert qui s'étend au levant, il y a un nombre immense de cabanes, appartenantes aux Arabes bédouins. Ce sont ces Arabes qui fournissent du beurre et du lait dans cette ville.

On ne peut sortir de Jidda, même pour se promener, si ce n'est jusqu'à la distance d'un demi-mille vers le sud, et le long de la mer, où il y a plusieurs mares d'eau stagnante et corrompue, qui contribuent beaucoup à l'insalubrité des environs.

Indépendamment de ce que Jidda est située dans la partie la plus malsaine de l'Arabie, cette ville se trouve encore entourée du désert le plus affreux. Cet inconvénient et beaucoup d'autres l'auroient probablement fait abandonner depuis long-temps, sans le voisinage de la Mecque, et les grands avantages que produit le commerce des Indes dont les marchandises arrivent une fois par an, pour être transportées très-promptement à la Mecque, et ensuite répandues dans tout l'orient.

De tous les pays mahométans, il n'y en a point où la polygamie soit moins fréquente qu'à Jidda, ni où il reste autant de femmes qui n'ont point de maris. C'est là, cependant, qu'a vécu le prophète; c'est là qu'il a d'abord recommandé à chaque homme d'avoir quatre femmes : maxime qui a passé ensuite dans toutes les autres contrées où s'est établi l'islamisme.

Toutefois Mahomet, en recommandant la pluralité des femmes,

sembla avoir eu constamment en vue de l'empêcher. Sa loi ne permet à un homme d'épouser deux, trois ou quatre femmes, qu'autant qu'il a de quoi les nourrir. Il n'en est pas de même relativement aux concubines, et aux esclaves qu'on fait à la guerre. Tout Musulman peut en prendre autant qu'il lui plaît, soit qu'il ait, ou qu'il n'ait pas dequoi les entretenir.

D'après des recherches profondes dans le sud et dans cette partie de la Mésopotamie dont parle l'Ecriture, en Arménie et en Syrie, depuis Mousoul, ou Ninive, jusques à Alep et Antioche, M. Bruce a trouvé qu'il naissoit au moins deux filles pour un garçon. Il a observé, dit-il, une plus grande différence à

Lataquié et tout le long de la côte de Syrie jusqu'à Sidon : la proportion du nombre des enfans du sexe féminin qui naissent, dans cette partie de l'Asie, est à celui des enfans du sexe masculin, comme de trois, ou au moins deux et trois quarts, à un. Dans la Terre Sainte, dans la contrée d'Horan, du côté de l'isthme de Suez et dans le Delta, il en est à-peu-près de même. Mais de Suez au détroit de Bab-el-Mandel, pays qui comprend les trois Arabies, il y a toujours quatre femmes pour un homme.

Quand M. Bruce étoit dans l'Arabie heureuse, en 1769, l'Iman (1) de Sanà n'étoit pas vieux, et il

(1) Titre du souverain de l'Yémen, dont la capitale est Sanà.

avoit quatre-vingt-huit enfans vivans, dont quatorze seulement étoient des garçons.—Le prêtre du Nil en avoit soixante-dix au moins, dont plus de cinquante filles.

Comme il n'y a pas de registres de naissances chez les Levantins, voici comment s'y prenoit M. Bruce pour obtenir des notions à cet égard.

Toutes les fois qu'il arrivoit dans une ville, un village, ou quelque autre lieu habité, qu'il passoit quelque temps sur une montagne, ou qu'il voyageoit avec les Orientaux, il s'informoit du nombre d'enfans qu'avoient ceux à qui il parloit. Il consulta de la sorte des gens de tous les états, et il croit qu'en prenant le *medium* sur trois ou quatre cents familles au hasard, le résultat sera qu'il y a trois femmes pour un homme dans 50° sur 90° qui partagent le globe.

Les femmes arabes commencent à avoir des enfans à l'âge de onze ans; mais il est rare qu'elles engendrent encore à vingt. Le temps où elles deviennent mères est donc borné à neuf ans; et quatre épouses prises ensemble n'ont que trente-six ans de fécondité, tandis qu'une femme anglaise, à elle seule, en a trente-quatre.

Il y a des différences encore plus considérables. Une fille arabe, par sa jeunesse et sa beauté, dès ce même âge de onze ans, s'attire l'amour des hommes. Mais comme alors, elle n'a que l'esprit d'un enfant, elle ne peut être une compagne raisonnable. Un homme se marie à vingt ans, et avant qu'il en ait trente, sa femme dont le jugement s'est perfectionné, et qui devroit lui être plus assortie par sa manière de penser, cesse d'être l'objet de ses desirs, et ne peut plus lui donner des enfans. Les plus belles années de la vie de cet homme, les jours de sa vigueur, se perdront-ils ainsi avec une femme qu'il ne peut aimer, et sera-t-il destiné à vivre quarante ou quarante-cinq ans avec elle, sans accroître sa famille, pour sa propre satisfaction, et l'avantage de la société ?

L'amitié et les attentions des compatriotes de M. Bruce, ne se démentirent pas un seul moment, pendant tout le temps qu'il séjourna à Jidda. Ils l'accompagnèrent tous, jusqu'au bord de la mer lorsqu'il alla se rembarquer. Le rivage étoit couvert de monde, au moment de son départ. On vouloit voir le salut des vaisseaux anglais. Le navire de notre voyageur partit en compagnie d'un autre, destiné pour Masuah, et dans lequel Mahomet Abd-El-Cader, gouverneur de Dahalac, s'étoit embarqué pour se rendre dans son gouvernement.

Jidda est par les 28° 6′ 1″ de latitude nord, et par les 39° 16′ 45″ de longitude est du méridien de Greenwich.

Il y eut fort peu de changement dans l'atmosphère, pendant le séjour de M. Bruce dans cette ville. Le vent étoit ordinairement nord-ouest, quelquefois même plus nord; et comme en venant de ce côté-là, il souffle dans la direction du golfe, il apporte avec lui beaucoup d'humidité, ce qui augmente toujours avec la mousson.

Ce fut le 4 de juillet, 1769, que notre voyageur partit du port de Jidda. Il s'étoit embarqué dans le même vaisseau qui l'avoit amené de Cosséir; et il permit à son raïs de prendre un petit chargement pour son compte, à condition qu'il ne recevroit point de passagers. Le vent étoit très-favorable. Le bâtiment de M. Bruce passa au milieu de la flotte anglaise dont les vaisseaux étoient à l'ancre. Ceux-ci hissèrent le pavillon d'Angleterre et tirèrent onze coups de canon chacun.

Le

Le 11, à huit heures du matin, le navire mouilla dans le port de Konfodah, village composé tout au plus de deux cents mauvaises maisons, bâties en branchages, et couvertes de feuilles de palmier. Il s'étend autour de la baie qui n'est qu'un bassin rempli de bas-fonds. Derrière Konfodah, on trouve une plaine vaste et déserte. Dans cette plaine s'élèvent cependant quelques monticules de sable très-blanc. Le sol qui est le long du rivage, ne produit rien que du varech, d'une extrême beauté et plein de vigueur. Plus loin, il y a des jardins potagers.

Le poisson est très-commun à Konfodah. On y trouve aussi du lait et du beurre en abondance. Le désert qui environne le village a même un aspect moins aride que les autres déserts, parce qu'il y pleut quelquefois.

Konfodah est par les 19° 7′ de latitude nord. C'est un des pays les plus mal-sains qu'il y ait sur les côtes de la mer Rouge. Les provisions y sont mauvaises et fort chères. L'eau qu'on y boit est exécrable. La viande de chevreau est la seule qu'on y vende ; encore est-elle fort maigre et d'un prix excessif.

A cinq heures de l'après-midi du 14, le vaisseau doubla le Ras-Héli, qui est la borne qui sépare l'Yemen, ou l'Arabie heureuse, de l'Hedjaz, ou de la province de la Mecque.

M. Bruce pria son raïs de mouiller immédiatement au-dessous du cap. Le temps étant très-calme et très-serein, il détermina la latitude du Ras, ou cap Héli, et conséquemment de la limite des deux états, l'Hedjaz et l'Yemen, ou l'Arabie déserte et l'Arabie heureuse, par 18° 36′ nord.

Le 18, à sept heures du matin, notre voyageur eut la première vue des montagnes au-dessous desquelles est située la ville de Loheia. La baie est si remplie de bas-fonds, qu'il ne fut possible de s'approcher qu'à la distance de cinq milles du rivage. Loheia est bâtie sur le côté sud-ouest d'une péninsule, et elle se trouve entourée par la mer, excepté à l'est. Au milieu de la péninsule, il y a une petite montagne qui sert de citadelle. On l'a fortifiée par des tours et des batteries de canon qui garnissent tout le terrain, jusqu'au bord de la mer. Derrière cette montagne, est une plaine dans laquelle se rassemblent ordinairement les Arabes, lorsqu'ils veulent attaquer la ville.

Pendant le séjour de M. Bruce à Loheia, il éprouva une singulière incommodité. C'étoit une espèce de picotement dans les jambes, qu'il avoit nues, picotement, sans doute occasionné par les parties salines, dont l'air étoit imprégné; car, dans tous les environs de la ville, et sur-tout en tirant vers le sud, la terre est extrêmement chargée de sel.

Le poisson, la viande de boucherie et toutes sortes de provisions abondent à Loheia ; mais on n'y a que de fort mauvaise eau, qu'il faut encore aller chercher au pied des montagnes. Elle se ramasse là dans les sables, quand il a tombé de la pluie. On la charrie à la ville dans des outres de peau, et à dos de chameau.

Les Bédouins qui vivent dans les environs de Loheia y vendent beaucoup de fruits, qu'ils vont prendre aussi dans les montagnes. Ils y fournissent également du bois de chauffage, du lait, des raisins et des bananes.

Le gouvernement de l'Iman est bien plus doux qu'aucun des autres gouvernemens des Maures, en Arabie et en Afrique. Le peuple y est aussi mieux civilisé, et les hommes y commencent dès leur première jeunesse à s'adonner au commerce. Les femmes de Loheia paroissent avoir autant d'envie de plaire que les femmes des nations les plus polies de l'Europe. Quoiqu'elles vivent assez retirées, tant auparavant qu'après leur mariage, elles sont toujours très-soigneuses de se parer. Dans l'intérieur de leurs maisons, elles ne portent qu'une longue chemise de toile de coton très-fine. Elles teignent leurs mains et leurs pieds avec de l'henna (1), non-seulement comme un ornement, mais parce que la qualité astringente de cette drogue diminue la trop grande moiteur de la peau. Leurs

(1) Sa couleur est d'un beau rouge.

cheveux sont artistement arrangés, et flottent en longues tresses sur leurs épaules. (*Voy*. pl. IV.)

Les femmes de l'Arabie heureuse ne sont point noires. Il y en a, au contraire, de très-blondes. Elles ont, en général, plus d'embonpoint que les hommes : mais elles n'en sont pas plus aimées. On leur préfère les filles de l'Abyssinie que l'on achète à prix d'argent. Une des raisons de cette préférence, c'est que les dernières font des enfans plus tard. Peu de femmes arabes, on le répète, sont encore fécondes après l'âge de vingt-cinq ans.

Le 27, le navire quitta le port de Loheia ; mais il fallut le touer pour en sortir. A onze heures, il fit voile avec un vent nord-est, et il passa près d'un groupe d'îles, qu'il laissa à gauche.

Le 29, à neuf heures du matin, il mouilla à la pointe du banc qui se trouve immédiatement à l'est de la forteresse nord de Moka.

La ville de ce nom, vue de la mer, offre un aspect charmant. Par derrière, on découvre une forêt de palmiers. Le port est renfermé entre deux pointes de terre, et forme un demi-cercle. Sur chacune de ces pointes, on a bâti une forteresse. La ville est dans le milieu; mais si elle se trouvoit attaquée, ses deux forteresses lui seroient, sans doute, plus nuisibles qu'utiles; car elles ne pourroient pas défendre le port.

Le 30, à sept heures du matin,

le vaisseau profita d'un joli vent d'ouest, et fit route pour l'entrée de l'océan indien. Le raïs devenoit plus courageux et plus gai, à mesure qu'il approchoit de ses côtes natales, celles de Mascatte. Il offrit à M. Bruce de le porter pour rien, s'il vouloit aller chez lui, à Shéker; mais celui-ci avoit trop de choses à faire pour en entreprendre de nouvelles. Un tel voyage, dit-il, seroit pourtant digne d'un homme en état d'observer ce pays et le peuple qui l'habite; car l'un et l'autre ne sont que très-peu connus. Ce qu'il y a de certain, c'est qu'on en tire toutes les gommes précieuses, toutes les drogues médicinales, l'encens, la myrrhe, le benjoin, le sang de dragon, et une foule d'autres productions que l'histoire naturelle n'a pas pu bien décrire encore.

La côte d'Arabie qui s'étend depuis Moka jusqu'au détroit de Bab-el Mandel, est presque perpendiculaire, et l'on peut y naviguer très-près, jour et nuit, sans aucun danger.

A quatre heures de l'après midi, M. Bruce découvrit la montagne qui forme un des caps de ce détroit.

Le 31, à neuf heures du matin, le vaisseau mouilla au-dessus du Jibbel Raban, c'est-à-dire, de l'île des Pilotes, située au-dessous du cap qui, du côté de l'Arabie, forme l'entrée nord du détroit. Après qu'on est entré dans ce même détroit, on trouve que l'île de Périm, qu'on appelle autrement Méhoun, divise le canal en deux parties. Le passage qui est du côté du nord, n'a que deux lieues de large tout au plus, et de douze à dix-sept brasses de profondeur. L'autre canal a trois lieues de largeur, et vingt-cinq à trente brasses d'eau. Les terres des deux côtés de cette entrée ont une direction à-peu-près nord-ouest; et l'on s'aperçoit que le premier canal s'élargit, à mesure qu'on avance vers le vaste océan des Indes. La côte qui est à main gauche est dépendante du royaume d'Adel; et celle qui reste à droite, appartient à l'Arabie heureuse.

Le 2, au lever du soleil, M. Bruce vit une terre qu'il prit pour le continent; mais à mesure qu'il approcha et que le jour s'augmenta, il reconnut que ce n'étoit que deux basses îles sous le vent; et le navire eut beaucoup de peine à pouvoir en atteindre une. On y trouva un vieux acacia et deux ou trois paquets de bois pourri, qu'on ramassa avec grand soin, sur la plage. Tous nos voyageurs furent bientôt d'accord pour faire un déjeûner, un dîner et un souper chaud, au lieu des repas froids qu'ils avoient faits dans le détroit. Ils allumèrent donc plusieurs feux. L'un se chargea de faire le café, l'autre de faire cuire le riz. On prépara quatre tortues et un dauphin; et avec de la bonne bière, du vin et de l'eau-de-vie, chacun but avec une joie extrême à la santé du roi d'Angleterre.

Tandis

Tandis qu'on préparoit ce repas, M. Bruce aperçut, avec sa lorgnette d'approche, un homme seul à pied, qui couroit le long de la côte de l'ouest, et ne s'arrêta point. Un quart d'heure après il en vint un autre, monté sur un chameau, qui alloit d'un pas ordinaire, et qui descendoit précisément vis-à-vis du vaisseau. Cet homme, à ce qu'il parut, s'agenouilla, comme pour faire sa prière. On avoit mis un canot en mer, lorsqu'on avoit vu l'acacia sur l'île. M. Bruce, pouvant encore s'en servir, ordonna à deux matelots de le porter à force de rames, du côté où il voyoit l'homme qui étoit à genoux.

Aussitôt que notre voyageur fut à terre, le sauvage s'empressa de

Tome II.   D

regagner son chameau, mais néanmoins sans partir. Il ne se laissa cependant approcher que de dix pas. Cet homme avoit la peau noire, et il étoit presque entièrement nu. Il portoit autour de la tête une espèce de bandeau d'une mauvaise étoffe noire et bleue, et à chaque bras, des bracelets de grains de verre blanc. M. Bruce parla à ce sauvage qui le comprit bien, mais ne put s'en faire comprendre autrement que par des signes assez intelligibles. Il ne fut pas possible de l'engager à venir jusqu'au canot. On donna à l'île le nom de l'île du Traître, par rapport à la conduite soupçonneuse du seul homme que l'on eût vu auprès.

On remit à la voile, à deux heures, et à quatre heures le vais-

seau passa près d'une île de rocher.
Le raïs la nomma l'île des Crabes.
A cinq heures, il mouilla tout auprès d'un cap peu élevé, dans une baie, où l'on ne trouva que trois brasses d'eau. Il y avoit une petite île, précisément vis-à-vis la poupe du navire.

« Il s'étoit à peine écoulé dix mi-
« nutes depuis que nous étions à
« l'ancre, » dit M. Bruce, « que
« nous vîmes venir à nous, un vieil-
« lard et un enfant. Ils ne portoient
« point d'armes et je descendis à
« terre pour leur acheter une jarre
« d'eau. Le vieillard avoit l'air d'un
« véritable voleur. Il étoit entière-
« ment nu, et il rioit à chaque pa-
« role qu'il disoit. Cet homme par-
« loit arabe, mais fort mal. Il

« m'assura qu'il y avoit de tout en
« abondance dans le pays, et qu'il
« me serviroit de guide, si je vou-
« lois le suivre. Pour mieux me
« déterminer, il ajouta qu'il y
« avoit là, un roi et un peuple
« qui aimoient beaucoup les étran-
« gers.

« Le massacre de l'équipage de l'*El-*
« *gin*, vaisseau de la compagnie des
« Indes anglaise, massacre qui
« avoit eu lieu précisément au même
« endroit, me revint tout-à-coup
« dans l'esprit Je portai involontai-
« rement la main sur un de mes pis-
« tolets, et je fus, pour la première
« fois de ma vie, tenté de com-
« mettre un meurtre. Je croyois
« reconnoître dans les regards du
« vieux scélerat, un de ceux qui

« avoient assassiné de sang-froid,
« un grand nombre d'Anglais.

« D'après la promptitude avec
« laquelle il s'étoit rendu au bord de
« la mer, et d'après son séjour
« dans l'endroit où s'étoit commis le
« crime, il me paroissoit impossible
« qu'il n'y eût pas trempé ; cepen-
« dant la réflexion que je fis lui
« sauva la vie. Je lui demandai s'il
« vouloit me vendre deux moutons,
« et il me répondit qu'on nous en
« amenoit plusieurs. Ces mots me
« firent tenir sur mes gardes, parce
« que je ne savois pas combien il
« viendroit de gens. Alors je priai
« le vieillard de charrier de l'eau
« dans mon canot. L'enfant la porta
« tout de suite, et je le payai avec de
« l'antimoine, comme il le desiroit.

« Immédiatement après, je leur
« ordonnai de nous aider à remettre
« notre canot à flot, leur deman-
« dant pendant ce temps-là, où
« étoient les moutons ? Ils ne m'a-
« voient point encore répondu,
« que nous vîmes paroître quatre
« jeunes hommes, très-vigoureux,
« qui conduisoient deux chèvres
« fort maigres, que le vieillard
« m'assuroit être des moutons. Cha-
« cun de ces hommes étoit armé de
« trois javelines. Bientôt ils com-
« mencèrent à parler tous ensemble
« sur leurs animaux, pour soutenir
« que c'étoient des moutons et non
« pas des chèvres, quoique d'ail-
« leurs ces mêmes hommes ne pa-
« russent entendre de ce que nous
« disions, que les mots arabes qui

« signifient *chèvres* et *moutons*.

« Au bout de cinq minutes, le
« nombre de ces gens s'étoit accru
« jusqu'à onze. Alors je pensai qu'il
« étoit temps de regagner le vais-
« seau ; car tous ces nouveaux ve-
« nus paroissoient violemment ani-
« més, à en juger par leurs gestes
« et par l'accent de leurs discours,
« dont il me fut impossible de com-
« prendre un seul mot. Je m'éloignai
« d'eux, et je sautai promptement
« à bord du canot. Cependant ils se
« reculèrent un peu, et ils crièrent
« tous ensemble *belled! belled!* en
« montrant la terre, et me faisant
« signe de revenir. Le vieux hypo-
« crite fut le seul qui sembla n'a-
« voir aucune crainte, et qui me sui-
« vit jusqu'auprès de mon canot, ce

« qui m'engagea à avoir une expli-
« cation avec lui.

« Il étoit inutile, » lui dis-je,
« de faire venir treize hommes, pour
« conduire deux chèvres. Nous
« avons acheté de l'eau de gens qui
« n'avoient point de lances, quoi-
« que nous n'eussions pas besoin
« d'eau, et aurions acheté de même
« des moutons. Mais que quiconque
« tient une lance dans sa main, se
« retire, où je vais faire feu sur lui. »
« Tous ces gens semblèrent ne pas
« entendre ce discours, et s'appro-
« chèrent de plus près. Voyant cela,
« je m'écriai : « que ceux qui sont
« armés s'éloignent, ou je vais, en
« ce moment, les balayer de dessus
« la face de la terre.

« Alors le vieillard sauta en ar-

« rière avec plus d'agilité que son
« âge ne sembloit le lui permettre. Il
« alla joindre les autres qui s'étoient
« assis en groupe, et qui, au bout
« de quelque temps se retirèrent.

« Il revint ensuite avec l'enfant,
« près du canot, sans témoigner la
« moindre crainte. Je leur donnai
« du tabac, quelques grains de verre
« et de l'antimoine, et je fis tout ce
« que je pus pour gagner la con-
« fiance du vieillard. Mais il con-
« tinua à rire et à plaisanter, et je
« vis bien qu'il avoit pris son parti.
« Tout son refrain étoit de me con-
« seiller de revenir à terre. Il dit et
« fit tout ce qu'il crut propre à m'y
« déterminer. « Il faut, » lui dis je,
« vieux coquin, à présent que ta
« vie est dans mes mains, il faut

« que tu saches qu'il y a des gens
« au monde qui valent mieux que
« toi. Ils étoient mes compatriotes
« ces onze ou douze hommes, que
« tes camarades et toi, vous avez
« massacrés, à la place où tu es main-
« tenant assis. Quoique j'eusse pu
« aujourd'hui tuer le même nombre
« d'assassins, sans qu'il y eût au-
« cun danger pour moi, je les ai
« laissés partir. J'ai plus fait ; j'ai
« acheté et payé les choses que tu
« m'as apportées, et je t'ai fait ces
« présens, tandis que suivant ta loi,
« j'aurois dû t'égorger toi et ton fils.
« Cesse donc de te flatter, quand tu
« vois ce que je sais, que tu pourras
« me faire débarquer. Mais si tu veux
« m'apporter demain matin, une
« branche de l'arbre de myrrhe, et

« une branche de l'arbre qui four-
« nit l'encens, je te les paierai deux
« fondouclis chacune. »

« Il me répondit qu'il me les ap-
« porteroit le soir même. « Le plutôt
« sera le mieux, » lui dis-je, « car
« la nuit approche. » Aussitôt il fit
« partir son enfant qui revint bien-
« tôt avec une branche dans sa
« main.

« A cet aspect, je ne pus contenir
« ma joie. Je fis approcher le canot
« du rivage et je débarquai pour
« recevoir la branche. Mais à mon
« grand déplaisir, je trouvai que
« c'étoit une branche d'acacia, ou
« de sunt, dont nous avions trouvé
« des arbres, dans toutes les parties
« de l'Egypte, de la Syrie et de l'A-
« rabie. Je dis au vieillard que ce

« n'étoit pas ce que je lui demandois,
« et je lui répétai les mots de *gerar*,
« *saiel*, *sunt*. Il me répondit *eh*
« *owah saiel*. Mais quand je lui de-
« mandai, où étoit la branche de
« myrrhe (*mour*), il me dit qu'il
« falloit chercher l'arbre dans les
« montagnes, et qu'il m'en appor-
« teroit un rameau, si je voulois al-
« ler jusqu'à la ville.

« Comme je débarquois transporté
« de plaisir d'avoir une branche de
« myrrhe, j'aperçus à moins d'un
« quart de mille du rivage, une
« trentaine d'hommes armés de ja-
« velots, assis derrière des arbres,
« mais qui se levèrent aussitôt qu'ils
« me virent à terre. Je criai au mate-
« lot de tenir le canot à flot, et je re-
« tournai tout de suite à bord, ayant

de

« de l'eau jusqu'à mi-corps. Toute-
« fois, comme je passois à côté du
« vieux traître, je lui donnai un si
« rude coup de la branche d'acacia,
« que je l'étendis sur le sable. L'en-
« fant s'enfuit; et nous commen-
« çames à ramer vers le vaisseau.
« Cependant, avant d'être loin de
« ces perfides, nous les saluâmes
« de trois coups de mousquets char-
« gés avec du petit plomb, et nous
« visâmes de manière qu'ils durent
« porter à l'endroit, d'où nos en-
« nemis nous regardoient, pen-
« dant que nous nous éloignions
« d'eux.

« Je conseillai au raïs de partir de
« l'île des Crabes; et une jolie brise
« de terre se levant, nous mîmes
« à la voile, et nous gouvernâmes

Tome II.

« sur Moka, pour éviter quelques
« îlots ou rochers.

« Tandis que nous étions à l'île
« des Crabes, j'observai le passage
« de deux étoiles au méridien, et je
« déterminai la latitude de cette île,
« par les 13° 2′ 45″ nord.

« Le 3, le vent qui étoit modéré,
« tourna un peu au sud. A trois
« heures du matin, le vaisseau dé-
« passa le Jibbel-el-Oury, puis le
« Jibbel Zekir. Ensuite la brise de-
« vint plus forte et le temps très-
« beau. Nous passâmes à l'ouest de
« l'île de Rasab, entre cette île et
« quelques autres qui gissent au
« nord-est. Là, le vent nous devint
« contraire. Néanmoins, nous ar-
« rivâmes à Loheia, dans la matinée
« du 6. Cette ville est par 15° 40′

« 50″ de latitude nord, et 42° 58′
« 15″ de longitude est du méridien
« de Greenwich. »

Tout étant prêt pour le départ, M. Bruce quitta cette ville, le 3 septembre 1769. La rade de Loheia, la plus grande de la mer-Rouge, est maintenant si remplie de bas-fonds, et l'entrée en est tellement engorgée, qu'à moins de suivre un canal étroit, il n'y a pas trois brasses d'eau, et même, dans beaucoup d'endroits, à peine trouve-t-on la moitié de cette profondeur. Au reste tous les ports, situés sur la côte orientale du golfe Arabique, sont dans le même cas, tandis que ceux qui sont sur la côte occidentale, restent très-profonds et ne sont embarrassés à leur entrée, ni par des bancs, ni par des barres.

Le 10, à sept heures du matin, M. Bruce découvrit le Jibbel-Téir, et il ordonna au pilote de gouverner directement dessus. Ce qui est cause que le Jibbel-Téir porte aussi le nom de Jibbel-Douhan, la montagne de feu, c'est que, placé comme il l'est, au milieu de la mer, il a un volcan qui vomit beaucoup de feu, et qui, bien qu'il paroisse presque éteint, jette encore de la fumée. C'est probablement à ce volcan, que toutes les îles voisines doivent leur création. L'île a quatre lieues de longueur du nord au sud. Dans le milieu, il y a un pic de forme pyramidale, qui a, au moins, un quart de mille de haut. Il s'incline également et graduellement de chaque côté, vers la mer. Le sommet a quatre ouvertures par lesquelles le gouffre vomit de la fumée, et même quelquefois, dit-on, de la flamme, lorsque le vent de sud règne. Cette île reste absolument déserte et couverte de pierres ponce. C'est du Jibbel-Téir que tous les vaisseaux anglais prennent leur point de départ, lorsqu'ils veulent se rendre à Jidda, en venant de Moka, et rangeant les îles qui sont au sud.

Le 11, à sept heures du soir, le navire échoua sur un banc de corail. Les Arabes sont extrêmement poltrons, toutes les fois qu'ils sont surpris par quelque danger, ils le regardent comme un avertissement que la Providence leur envoie, et ils croient qu'il est impossible de l'éviter. Les matelots arabes voulurent donc immédiatement se jeter dans le canot ; et des Abyssins, qui se trouvoient dans le navire, crurent qu'il valoit mieux détacher les planches et en faire un radeau.

Il s'éleva une violente altercation entre les deux partis. Elle fut suivie d'un combat qui duroit encore lorsque la nuit vint. Cependant le raïs ayant un peu calmé la dispute, M. Bruce pria les uns et les autres de vouloir bien l'écouter. « Vous savez tous, » dit-il, « que le « canot m'appartient, et que je l'ai « acheté de mon argent, pour mon « usage et celui de mes domestiques. « Vous savez aussi que moi et mes « gens, nous sommes bien armés,

« et que vous êtes tout nus. Ainsi,
« ne vous imaginez pas que nous
« souffrions que vous preniez le
« canot, et que vous sauviez votre
« vie aux dépens de la nôtre. Vous
« ne devez avoir d'autre espoir que
« dans le vaisseau. Retirez-le de
« dessus l'écueil pendant que la mer
« est calme. S'il avoit été bien en-
« dommagé, il seroit déjà coulé à
« fond. »

Ces dernières paroles semblèrent leur rendre un peu de courage. Le canot fut mis immédiatement à la mer. Un des domestiques de M. Bruce, le raïs et deux matelots y entrèrent. Au commencement, ils eurent de la peine à poser les pieds sur les rugosités du corail blanc, mais bientôt ils marchèrent plus hardiment. Ils essayèrent de pousser le vaisseau en arrière, mais ils ne purent le faire remuer. Des perches et des barres de cabestan furent employées en vain; elles n'étoient pas assez longues. En un mot, il ne restoit d'autre espoir de dégager le bâtiment, que le lendemain matin, quand la brise se leveroit; et alors, il y avoit à craindre qu'il ne fût mis en pièces. Cependant on employa d'autres efforts; et le navire enfin remua, ce qui fit pousser à tout le monde un grand cri. Un moment après, un petit vent d'est s'étant levé, le raïs cria de hisser la voile de devant et de la retourner. On exécuta cet ordre. La brise, remplissant aussitôt la voile, et tout le monde à-la-fois, poussant le vaisseau, il se trouva immédiatement dégagé de dessus le rocher. M. Bruce avoue ici, qu'il ne partagea pas, aussi promptement que tous ses compagnons, la joie qui s'empara d'eux. Il craignoit que quelque planche n'eût été brisée : mais il ne tarda pas à reconnoître l'avantage d'un vaisseau, dont les doublages étoient cousus plutôt que cloués, parce que non-seulement celui-ci n'eut rien de fracassé, mais qu'il ne fit que très-peu d'eau.

Le 13, le navire entra dans le port de Dobelew, sur la côte de l'île de Dahalac. Cette île, dans toute sa longueur, n'a que trente-sept milles, et dix-huit, dans sa plus grande largeur. Elle est, cependant, de beaucoup plus grande qu'aucune des îles que M. Bruce eût vues, dans la partie de la mer-Rouge, qu'il venoit de parcourir.

Dahalac est basse et assez égale. son sol est composé de gravier et de sable blanc, mêlés de productions marines. On n'y voit aucune espèce d'herbe, en été, à l'exception d'une petite quantité de joncs, qui suffisent à peine pour nourrir le peu d'antilopes et de chèvres qui sont sur l'île. Quelques-uns de ces derniers animaux sont d'une espèce charmante. Leur taille est petite, leur poil ras; leurs cornes sont noires et pointues. Ces chèvres ont une couleur bariolée, et sont extrêmement agiles.

Quoique Dahalac soit sur les

confins de l'Abyssinie, elle n'a point la même température. Il n'y pleut jamais depuis la fin de mars, jusqu'au commencement d'octobre: mais dans les autres mois, et surtout en décembre, janvier et février, la pluie y tombe par torrens, pendant douze heures de suite. L'île en est inondée, et l'on remplit les citernes pour l'année suivante. Celles-ci seules y conservent de l'eau. Il y en a jusqu'à trois cent soixante et dix, toutes creusées dans le roc solide. Elles sont, dit-on, l'ouvrage des Perses. M. Bruce croit qu'elles sont plutôt celui des premiers Ptolémées. Toutes sont ouvertes aux animaux qui y boivent, s'y vautrent et les remplissent d'ordures. Aussi, l'eau qu'on en tire, a une forte odeur de musc, que cause la fiente des chèvres et des antilopes. Cette odeur paroît encore plus désagréable, avant de boire, que quand on boit.

Après qu'il a tombé de la pluie à Dahalac, l'herbe pousse avec beaucoup de vigueur ; et les chèvres donnent abondamment du lait. En hiver, les habitans ne se nourrissent d'autre chose ; car ils ne labourent, ni n'ensemencent leurs terres. Leur seule occupation est de travailler sur les vaisseaux qui font le commerce en différentes parties de la mer qui les environne. La moitié de ces insulaires est constamment sur la côte d'Arabie, et fournit par son travail, du doura, et d'autres provisions, à l'autre moitié

moitié qui se tient dans l'île, et remplace la première à son tour. Mais les plus pauvres, pour toute nourriture, n'ont que des coquillages et du poisson. Leurs femmes et leurs filles sont très-hardies et très-adroites à la pêche.

Tel est l'attachement des Dahaliens pour le lieu de leur naissance, qu'ils aiment mieux rester dans un pays stérile et brûlé, où ils manquent des choses les plus nécessaires à la vie, que d'aller habiter les contrées heureuses et fertiles qui le bordent des deux côtés.

Dahalac renferme douze villes, ou villages, de même grandeur, à-peu-près, que Dobelew, c'est-à-dire, composés d'environ quatre-vingts maisons, bâties en pierres, tirées du fond de la mer. Chacun de ces villages est entouré d'une plantation de palmiers, de l'espèce qu'on nomme Doom, et dont les feuilles servent à faire les seuls ouvrages qu'on fabrique dans l'île. Ces feuilles, quand on les a fait sécher, sont d'une blancheur si éclatante et si lustrée, qu'on les prendroit aisément pour du satin blanc. Les Dahaliens en font des paniers d'une beauté surprenante. Ils peignent de rouge et de noir, une partie de ces feuilles et ils les tressent toutes avec un art infini. On peut remplir d'eau ces paniers, sans que, pendant vingt-quatre heures, il s'en répande une seule goutte.

Les Dahaliens du premier rang, tels que le Chaik et les personnes de sa famille, sont d'une couleur brune, beaucoup moins sombre que celle des habitans de Loheia. Mais le commun peuple, les gens qui pêchent et qui sont constamment à la mer, ne sont pas noirs, mais d'un rouge, un peu plus foncé que la couleur du bois d'acajou nouvellement coupé. Tous paroissent être d'un caractère simple, confiant et bon. Dahalac est le seul endroit de toute l'Afrique, ou de l'Arabie, où les hommes ne portent aucune espèce d'armes. Cependant les habitans de cette île ne furent pas toujours aussi pacifiques qu'à présent. Les Portugais, la première fois qu'ils abordèrent à Dahalac, y eurent plusieurs de leurs compagnons de massacrés; et en revanche, ils traitèrent souvent les Dahaliens avec beaucoup de sévérité.

Les hommes paroissent très-vigoureux à Dahalac. Ces insulaires disent qu'ils ne connoissent point les maladies, excepté quelquefois au printemps, que les vaisseaux de l'Yémen et de Jidda, leur apportent la petite vérole. Les individus qui en sont attaqués ont rarement le bonheur d'en réchapper. Notre voyageur jugea, qu'avec l'air de jouir d'une bonne santé, les Dahaliens ne vivent pas long-temps; car il ne trouva pas un seul homme parmi eux, qui parût avoir une soixantaine d'années. Toutefois le climat de leur île doit être sain, et ils ont, pendant l'été, le vent de nord, qui tempère beaucoup la chaleur du jour.

Dahalac dépend du gouvernement de Masuah. Elle est conférée au Pacha de Jidda, par un firman du Grand-Seigneur; et ce Pacha y nomme un gouverneur. Il n'y a d'autre petite monnaie courante que les grains de verroterie de Venise, anciens et nouveaux, de quelque grandeur et de quelque couleur qu'ils soient, entiers ou brisés.

Quoique cette île languisse maintenant dans une triste décadence, elle fut jadis célèbre par son commerce et sa splendeur. La pêche des perles y étoit très-abondante aux siècles des Ptolémées. Longtemps après, sous l'empire des Califes, cette branche de commerce produisoit encore un grand revenu.

A Dahalac, il n'y a ni chevaux,

ni bœufs, ni moutons, ni chiens. Les seuls quadrupèdes qu'on y trouve, outre ceux qu'on a déja cités, sont des ânes et quelques chameaux à demi-morts de faim.

Le langage qu'on parle à Dahalac est celui des pasteurs. On s'y sert aussi de l'arabe.

Le 19 septembre à cinq heures de l'après-midi, le navire qui portoit notre voyageur, mouilla dans la rade de Masuah, après dix-sept jours de traversée, en y comprenant celui où il s'embarqua. Cependant ce voyage se fait en trois jours avec un vent favorable. Souvent même il dure beaucoup moins. L'examen des îles et les observations astronomiques prirent beaucoup de temps à M. Bruce.

VOYAGE AUX SOURCES DU NIL.

LIVRE SECOND.

Peuples de l'Abyssinie. Voyage de la Reine de Saba.

Les Abyssins conservent une tradition, qu'ils disent avoir eue de temps immémorial, et qui est également reçue par les Juifs et par les Chrétiens. Cette tradition porte que peu de temps après le déluge, Cush, petit-fils de Noé, passa avec sa famille, par la basse Egypte, alors inhabitée, qu'il traversa l'Atbara, et vint jusqu'aux terres élevées, qui séparent, des hautes montagnes d'Abyssinie, la partie enfoncée de ce même pays d'Atbara.

Cush et sa famille, épouvantés par l'événement terrible du déluge, toujours pour eux présent à la pensée, et appréhendant d'éprouver de nouveau un pareil malheur, aimèrent mieux habiter des cavernes dans les flancs des montagnes, que de s'établir dans les plaines.

Les Abyssins disent encore que les enfants de Cush bâtirent la ville d'Axum, quelque temps avant la naissance d'Abraham. Bientot après ils étendirent leur colonie, jusques à Atbara, où, d'après le témoignage d'Hérodote, ils cultivèrent les sciences avec beaucoup de succès.

Tandis que les descendans de Cush étendoient leurs progrès dans le centre et au nord de leur territoire, leurs frères, placés dans le sud, et formant le peuple des pasteurs, ne restoient point oisifs. Ils s'avançoient au contraire dans les montagnes qui se prolongent parallèlement au golfe d'Arabie.

Cinq autres nations vinrent aussi s'établir en Abyssinie. C'étoient les habitans de la Palestine, chassés par Josué. La première et la plus considérable de ces nations occupa la province d'Amhara. Elle étoit, à son arrivée, aussi peu connue que les autres. Mais il survint une révolution dans le pays, qui obligea le roi de se retirer en Amhara, et la cour se tint plusieurs années dans cette province. C'est-là la cause que le Géez, ou la langue des pasteurs cessa d'être parlée, et qu'on la conserva, pour l'écrire seulement, comme une langue morte. Les livres sacrés étant tous dans cette langue, la sauvèrent d'un oubli total. La seconde de ces nations étoit celle des Agows, qui s'établirent à Damot, l'une des provinces du sud de l'Abyssinie, située immédiatement au-dessous des sources du Nil. La troisième est celle des Agows du Lasta, ou des Tchératz Agows, nom qui leur vient de Tchéra, leur principal établissement. Leur langage est différent de celui des autres Agows. Ils sont Troglodites, vivant dans des cavernes, et ils paroissent adorer le Siris, ou le Tacazzé, à-peu-près de la même manière que les habitans du Damot adorent le Nil. La quatrième nation est celle qui vit dans la partie méridionale des bords du Nil, près du Damot. Elle s'est donné le nom de Gafat, mot qui veut dire opprimé, arraché, repoussé, chassé par la violence. Les Gafats sont payens et disent qu'ils l'ont toujours été. Ils partagent avec leurs voisins les Agows, le culte qu'ils rendent au Nil, culte dont M. Bruce ne peut expliquer ni l'étendue, ni les particularités. Le cinquième peuple est une tribu, qui, si l'on en croyoit la ressemblance des noms, feroit imaginer que l'on a découvert dans ce canton de l'Afrique une partie de cette grande nation des Gaulois, qui s'est si prodigieusement étendue en Europe et en Asie. Ce sont les Gallas, ou les Galles. Une comparaison de leur langage et de celui qui nous reste des Gaulois seroit certainement très-curieuse.

Les Falashas sont aussi un peuple de l'Abyssinie, et ils ont un langage particulier. Ils ont été et ils sont encore Juifs. Ils conservent des traditions de leur origine et des causes qui les obligèrent de se séparer de leurs compatriottes. Il en sera question dans peu.

Après avoir examiné quels sont les peuples qui se sont établis dans l'Abyssinie, M. Bruce passe aux détails relatifs au voyage de la reine de de Saba (1). La conséquence de la visite de cette reine, fut la fondation de la monarchie éthiopienne, où le sceptre s'est conservé jusqu'à ce jour dans la tribu de Juda.

Plusieurs auteurs ont cru la reine de Saba Arabe : mais Saba étoit un royaume particulier. Les Sabéens formoient un peuple distinct des Ethiopiens et des Arabes, et ils n'ont cessé de l'être, que depuis peu de temps. L'histoire nous apprend qu'ils préféroient le gouvernement d'une reine à celui d'un roi ; préférence que conservent encore leurs descendans.

Les Arabes prétendent que le nom de la reine de Saba qui vint à

(1) Saba, azab, ou azaba, tous ces mots signifient le sud ou le midi.

Jérusalem étoit *Belkis*. Les Abyssins la nomment *Magueda*. Jesus-Christ l'appelle la reine du midi, et ne lui donne point d'autre nom : mais il atteste la vérité de son voyage. Cependant l'Ecriture ne renferme aucune autre particularité sur cette reine. L'or, la myrrhe et l'encens étoient des productions de son pays; et M. Bruce est convaincu qu'elle étoit Ethiopienne, ou de la race des pasteurs Cushites.

On ne sait point si elle professoit la religion des Juifs, ou le paganisme. Le sabéisme étoit répandu dans tout l'orient. C'étoit sans cesse la pierre d'achoppement des Juifs. Mais en considérant la multitude de gens qui alloient continuellement de la Palestine en Afrique; il ne seroit point étonnant que la reine de Saba fût Juive. Il paroît également qu'elle étoit fort instruite, et qu'elle avoit, non cette sorte de savoir, particulier à l'Ethiopie, mais bien celui qui étoit particulier aux Juifs; car nous voyons qu'un des motifs de son voyage étoit de vérifier si Salomon étoit réellement aussi savant qu'il avoit la réputation de l'être. Elle veut enfin lui proposer des allégories, ou des paraboles, genre dans lequel Nathan avoit parfaitement instruit Salomon.

Les annales d'Abyssinie sont remplies de détails sur le voyage de la reine de Saba; et il en résulte une opinion moyenne qui n'est nullement improbable. Elles disent que cette reine étoit payenne, lorsqu'elle partit d'Azab, mais que remplie d'admiration à la vue des ouvrages de Salomon, elle se convertit au judaïsme, dans Jérusalem ; et qu'elle eut du roi des Hébreux un fils, à qui elle donna le nom de Ménilek, et qui devint le premier roi des Abyssins.

Cette princesse s'en retourna donc à Saba, ou Azab, avec son fils, qu'elle garda auprès d'elle, quelques années, et qu'elle renvoya ensuite à son père, pour le faire instruire. Salomon ne négligea rien pour l'éducation de cet enfant. Ménilek fut oint et couronné roi d'Ethiopie, dans le temple de Jérusalem ; et à cette inauguration, il prit le nom de David. Ensuite il revint à Azab, où il conduisit une colonie de Juifs, parmi lesquels étoient plusieurs docteurs de la loi de Moïse, et particulièrement un de chaque tribu. Il les établit juges dans son royaume; et c'est d'eux que descendent les Umbares actuels, juges suprêmes, dont trois accompagnent toujours le roi. Avec Ménilek, étoit aussi Azarias, fils du grand-prêtre Zadok. Azarias apporta une copie de la loi qui resta confiée à sa garde. Il reçut le titre de nébrit, ou de grand-prêtre; et quoique le livre de la loi fût brûlé dans l'église d'Axum, pendant que la guerre des Maures dévastoit le royaume d'Adel, la charge d'Azarias fut conservée, à ce qu'on assure, dans sa famille, dont les descendans sont encore aujourd'hui nébrits, ou prêtres de cette église.

Toute l'Abyssinie fut donc convertie au judaïsme ; et le gouvernement religieux, comme le gouvernement civil, fut entièrement modelé, sur ce qui étoit alors établi à Jérusalem.

Le dernier usage que la reine de Saba fit de son pouvoir, fut de promulguer une loi qui devoit servir à jamais de règle, pour la succession au trône, dans ses états. D'abord elle ordonna que la couronne seroit toujours héréditaire dans la famille de Salomon; en second lieu, qu'aucune femme ne pourroit porter cette couronne, ou être déclarée reine ; mais qu'on la déféreroit à son héritier mâle, quelque éloigné qu'il fût. Elle voulut que ces deux articles fussent considérés comme loi fon-

-damentale de son royaume, et ne pussent être jamais abolis, ni altérés. Enfin, cette reine établit que les héritiers mâles de la maison royale, seroient relégués sur une haute montagne, où ils seroient détenus prisonniers, jusqu'à la mort ou jusqu'à ce que la succession au trône leur fût ouverte.

La reine de Saba, après avoir institué ces lois, et après un règne de quarante ans, mourut 986 ans, avant Jésus-Christ. Son fils Ménilek lui succéda, et les annales d'Abyssinie nous apprennent que sa postérité occupe encore le trône.

L'emblême des rois abyssins, descendans de Salomon et de la reine de Saba, est un lion, passant dans un champ de gueule, et ayant pour mots : *Mo ambasa am Nizilet Sa-lomon al négardé Judé* : « le lion « de la race de Salomon et de la « tribu de Juda, a triomphé. »

Avant de perdre de vue la religion juive et la race de Salomon, M. Bruce croit devoir placer ce qu'il a à dire des Falashas.

Ce qu'ils racontent de leur origine, et qui est fondé sur la seule tradition, c'est qu'ils vinrent de Jérusalem, à la suite de Ménilek. Ils sont donc parfaitement d'accord avec les Abyssins sur l'histoire de la reine de Saba, qui, disent-ils, étoit juive, ainsi que sa nation, avant le temps de Salomon. Ils assurent aussi, qu'elle vivoit à Saba, ou Azab, pays de l'encens et de la myrrhe, situé aux bords de la mer

Rouge. Ils ajoutent qu'elle alla à Jérusalem, sous les auspices d'Hiram, roi de Tyr, dont la fille l'accompagnoit; qu'elle ne fit point le voyage par mer, ni qu'elle ne traversa point l'Arabie, de peur des Ismaélites; mais qu'elle se rendit d'Azab en Palestine, et qu'elle en revint, en faisant le tour de Masuah et de Suakem, escortée par ses propres sujets, les pasteurs; qu'enfin, selon la coutume de son pays, elle se servit du chameau; et que celui qu'elle montoit, étoit blanc, d'une grandeur prodigieuse, et d'une extrême beauté.

Leur récit ne diffère presque en rien de celui des Abyssins, sur tout le reste de cette histoire. Les Falashas nient seulement que les descendans des anciens de chaque tribu, et des docteurs de la loi, venus avec Ménilek, se soient faits chrétiens. Ils disent encore que quand le commerce de la mer Rouge tomba dans des mains étrangères, et que la communication fut interrompue entre eux et Jérusalem, les habitans se retirèrent loin de la côte, et les villes restèrent désertes; qu'ils avoient été eux-mêmes habitans de ces villes, où ils trafiquoient, et s'occupoient principalement à faire des briques, des tuiles, des pots, et à couvrir les maisons en chaume; et que trouvant que les plaines du Dembéa leur offroient tout ce qu'il falloit pour exercer leurs talens, ils se fixèrent dans cette province, et qu'ils y poussèrent la fabrique de la poterie au plus haut degré de perfection.

Les industrieux Falashas se multiplièrent prodigieusement, et ils étoient déjà très-puissans à l'époque de la conversion de l'empire au christianisme, ou, comme ils l'appellent eux-mêmes, au temps de l'apostasie, sous Abréha et Atzbeha. Alors ils se choisirent pour souverain, un prince de la tribu de Juda, et de la race de Salomon et de Ménilek. Ce prince se nommoit Phinéas. Il refusa d'abandonner la religion de ses pères, et c'est de lui que les souverains des Falashas descendent en droite ligne. Ainsi ils ont un prince de la maison de David quoique les Abyssins aient, par forme de reproche, appelé cette famille, bet Israël, pour donner à entendre, qu'elle s'est révoltée contre la race de Salomon et de la tribu de Juda.

Vers l'an 960, la famille des princes de Falashas tenta de s'emparer du trône d'Abyssinie; et les autres descendans de Salomon furent presque tous exterminés sur le roc de Damo. Cette guerre sanglante envenima toujours plus l'animosité qui existoit déja entre les deux familles. Mais enfin le pouvoir des Falashas fut tellement affoibli, qu'ils se virent contraints d'abandonner la province de Dembéa, où, n'ayant point de cavalerie, ils ne purent se soutenir. Dès-lors ils se réfugièrent sur les rochers escarpés

carpés et presque inacessibles qui hérissent la haute chaîne des montagnes du Samen. Ils ont choisi pour leur capitale, un de ces rochers, que la nature semble avoir disposé exprès pour servir de forteresse, et qui depuis ce moment porte le nom de Roc-Juif.

Une déroute sanglante que les Falashas essuyèrent en l'année 1600, les mit à deux doigts de leur ruine. Gédéon, leur roi, et Judith leur reine, furent tous deux tués dans l'action. Depuis, les Falashas cherchèrent moins les troubles et les combats. Ils paient la taxe qu'on leur a imposée, et on les laisse se gouverner à leur manière.

Pendant que notre voyageur étoit en Abyssinie, leur roi et leur reine, s'appeloient encore Gédeon et Judith; et ces noms semblent être les noms de préférence de la famille royale. Dans ce temps-là, la population des Falashas, s'élevoit, dit-on, à cent mille hommes effectifs.

La seule version de la Bible qu'ils aient, est en Geez. C'est la même dont se servent les chrétiens abyssins, qui sont les seuls scribes, et qui en vendent des copies aux Juifs. Mais ce qu'il y a de singulier, c'est qu'il ne s'est jamais élevé la moindre dispute sur le texte de la loi, entre les docteurs des deux religions.

Les Falashas nient que le sceptre soit jamais sorti de la maison de Juda, parce qu'ils ont un prince régnant de cette maison. Ils prétendent qu la prophétie concernant la coversion des Gentils, s'accomplir à l'arrivée du Messie, qui sera unprophète, un pontife et un conquérant; et qu'alors tous les peuples dea terre seront Juifs.

« Les Abssins adoptent l'Ecri-
« ture-Saine, comme nous l'adop-
« tons, » dit M. Bruce, « et ils
« comptentle même nombre de
« livres qunous : mais ils les di-
« visent d'ue autre manière. C'est,
« du moins ce que j'ai vu chez
« quelques articuliers, » continue
notre voyageur; « parce que peu
« d'Abyssin sont assez riches pour
« acheter tos les livres historiques,
« ou prophtiques de la Bible. On
« peut en de autant pour ce qui
« concerne Nouveau Testament.

« Les copies où il est tout entier
« sont fort rares. Nulle part, ex-
« cepté les églises, on ne voit que
« les évangiles et les actes des apô-
« tres; encore, pour qu'un homme
« possède seulement ces livres, il ne
« faut point que ce soit un homme
« de la classe ordinaire. »

L'Apocalypse de Saint-Jean est la lecture favorite des Abyssins. Ils l'instituent: *La vision de Jean abou Kalamsis;* ce qui peut n'être qu'une corruption du mot *Apocalypsis.* Les vieux prêtres lisent avec beaucoup de zèle et de plaisir, le cantique de Salomon: mais ils ont soin d'en défendre la lecture aux jeunes. Elle est interdite aux diacres, aux laïques et aux femmes. Ces mêmes prêtres croient que Salomon composa ce cantique pour la fille de Pharaon ; mais ils sont loin d'être de l'avis de quelques-uns de nos docteurs qui soutiennent que cet ouvrage renferme une allégorie sur le Christ et son église.

Un livre des plus révérés en Abyssinie, est le Synaxar, ou la fleur des saints. Cet ouvrage forme quatre monstrueux volumes *in-folio*, remplis d'un bout à l'autre des fables les plus absurdes. Il y est question d'un saint, contre lequel le diable combattit, sous la forme d'un serpent de plus de deux lieues de long. Le saint le jeta du haut d'une montagne et le tua. Un autre saint convertit le diable qui se fit moine, et vécut, quarante ans d'une manière édifiante, faisant pénitence, pour avoir tenté le Christ. On ne dit pas ce que le diable devint ensuite. Un troisième saint, qui n'avoit jamais ni bu, ni mangé, se rendit à Jérusalem. Il y célébroit la messe au saint sépulcre, et le soir, il se retiroit sous la forme d'une cigogne. Un quatrième, étant malade, et ayant l'estomac fort dérangé, eut envie de manger des perdrix. Il en appela une paire; et aussitôt deux perdrix, toutes rôties, prirent la volée, et vinrent se placer sur l'assiette du saint. Toutes ces histoires sont racontées et affirmées par de fort honnêtes gens.

Le dernier ouvrage de la bibliothèque éthiopienne est le livre d'Enoch. « Pour gage public de ma

« reconnoissance envers une nation
« humaine, bienfaisante, savante
« et polie, et principalement en-
« vers le roi Louis XV, » dit
M. Bruce, « j'ai fait présent à son
« cabinet, d'une partie des choses
« curieuses, que j'ai rapportées des
« pays lointains ; hommage qui a
« été accueilli avec une honnêteté
« et une attention, dignes d'en-
« gager tous les voyageurs dont
« l'ame est généreuse, à suivre mon
« exemple. Parmi les ouvrages que
« j'ai déposés à Paris, dans la biblio-
« thèque du roi (nationale), se
« trouve une copie magnifique des
« prophéties d'Enoch, en grand
« *in-4°.* »

Les annales d'Abyssinie rappor-
tent une expédition qui se fit aux

extrémités de l'Arabie heureuse. Les auteurs arabes, et Mahomet lui-même dans son Koran, l'appellent la guerre de l'éléphant. En voici la cause.

Presqu'au milieu de la péninsule d'Arabie, il y avoit un temple pour lequel on conservoit la plus grande vénération, depuis plus de quatorze cents ans. Les Arabes racontent que ce fut là qu'Adam planta sa tente, lorsqu'il fut chassé du paradis terrestre. Cependant Eve, on ne sait par quel accident, mourut et fut enterrée, sur le rivage de la mer Rouge à Jidda. A deux journées de marche, à l'orient de cette ville, on montre encore sa tombe, couverte d'un tapis de gazon verdoyant, qui a une cinquantaine de pas de long.

Dans le temple de la péninsule, il y avoit une pierre noire sur laquelle, dit-on, Jacob eut la vision des anges, qui descendoient et remontoient l'échelle qui touchoit au ciel. On raconte aussi, et la chose est plus vraisemblable, que ce temple fut bâti, par Sésostris pendant son voyage en Arabie ; et qu'il y étoit adoré, sous le nom d'Osiris, comme il l'étoit alors dans toute l'Egypte.

La dévotion que toutes les nations voisines avoient pour ce temple et pour son idole, donna l'idée de faire de cet endroit, un grand entrepôt pour le commerce de l'Inde et de l'Afrique, dont la liberté avoit été gênée par les établissemens des nations étrangères sur les bords de la mer Rouge. Ce lieu étoit situé au centre du pays, et accessible de tous côtés, sans être commandé par aucun. On le nommoit Becca, ce qui signifie la maison. Mais depuis, Mahomet renversant l'idole, et dédiant le temple au vrai Dieu, l'appela *Mecca* (la Mecque), nom sous lequel il a continué jusqu'à ce jour, à être le grand marché où se fait le commerce de l'Inde.

Cependant, le roi d'Abyssinie, Abreha, voulant détourner ce commerce et le rendre avantageux à ses états, bâtit une très-grande église, dans le pays des Homérites, auprès de l'océan indien; et afin d'encourager les étrangers à s'y rendre, il y attacha avec plus d'étendue encore, tous les privilèges, tous les avantages dont jouissoit le temple payen de la Mecque.

Une tribu particulière d'Arabes, appelés les Béni-Koreish, étoit chargée du soin de la Caba; car c'est ainsi qu'on nommoit et qu'on nomme encore la tour ronde (1) de la Mecque. Ces Arabes prirent l'alarme. Ils craignirent de voir leur temple abandonné, non-seulement par ceux qui avoient coutume de s'y rendre par dévotion, mais encore par les marchands. Pour prévenir ce malheur, un parti d'entre eux se rendit, pendant la nuit, au temple d'Abreha, y entra, brûla tout ce qui pouvoit être consumé,

(1) C'est un petit édifice carré. *Voy*. la Description de l'Arabie par M. Niebuhr, T. 2, p. 227.

et souilla le reste avec des excrémens humains.

Ahrelia fut bientôt instruit d'un si infâme sacrilège. Ce prince monta sur un éléphant blanc, et s'étant mis à la tête de ses troupes, il résolut de détruire le temple de la Mecque. En conséquence, il traversa, dans sa longueur, le pays plat qui s'étend sur le bord de la mer, et qu'on nomme Tehama (1), où il n'éprouva aucune résistance de la part des Arabes, ni ne souffrit aucun mal, que par le manque d'eau. Ensuite, il marcha droit à la Mecque, ou du moins il crut y marcher.

Abou Thaleb, qu'on croit le

(1) *Tehama* signifie proprement une plaine.

grand-

grand-père de Mahomet, étoit alors gardien de la Caba. Il eut l'adresse de persuader à ses compatriotes, les Béni-Koreish, de n'avoir en aucune sorte, l'air de vouloir se défendre. Cet Arabe était déja allé lui-même au-devant d'Abreha, et s'étoit présenté à ce prince. Il y avoit alors à Taïef, un autre temple d'Osiris, que les Béni-Koreish voyoient d'un œil jaloux, parce qu'il étoit en rivalité avec celui de la Mecque. Abreha fut si bien induit en erreur, par les faux avis d'Abou-Thaleb, que prenant l'un pour l'autre, il rasa le temple de Taïef, jusque dans les fondemens ; puis il se disposa à son retour.

Mais il ne tarda point à reconnoître sa méprise ; et, sans se repentir d'avoir détruit Taïef, il résolut de détruire aussi la Mecque. Abou-Thaleb, cependant, ne s'étoit point éloigné du vainqueur. Sa grande hospitalité, l'abondance de provisions, qu'il procura à l'armée d'Abreha, lui gagnèrent entièrement l'amitié de ce souverain, qui apprenant bientôt que Thaleb n'étoit point d'une classe inférieure, mais qu'il étoit un prince de la tribu des Béni-Koreish, nobles Arabes (1), le força de s'asseoir en sa présence, et le retint constamment auprès de lui. Enfin, ne sachant comment le récompenser dignement, Abreha lui demanda de lui faire connoître ce qu'il étoit en son

(1) Les Béni-Koreish descendent d'Ismaël, fils d'Agar.

pouvoir de lui accorder, qui lui fût le plus agréable, lui promettant de le satisfaire aussitôt. Abou-Thaleb le pria de lui fournir un homme, qui lui aidât à retrouver quarante bœufs que les soldats lui avoient dérobés.

Abreha qui s'attendoit que la faveur que l'Arabe alloit lui demander, étoit d'épargner le temple de la Mecque, et qui, dans ce cas, avoit résolu de ne pas le refuser, ne put cacher l'étonnement que lui causoit la simplicité d'Abou-Thaleb, et il le lui témoigna même, d'une manière qui prouvoit qu'une telle demande l'avoit rabaissé dans son estime. Mais Abou-Thaleb lui dit en souriant, et d'un air très-calme : « Si le temple qui est devant vous

« est celui de Dieu, comme je le
« crois, et que Dieu veuille qu'il
« reste de bout, vous ne pourrez jamais le détruire. Si, au contraire,
« ce n'est point le temple de Dieu, ou,
« ce qui revient au même, si Dieu
« a ordonné que vous le détruisiez,
« je vous aiderai non-seulement à
« le démolir, mais à charier, au
« loin, sur mes épaules, jusqu'à
« la dernière pierre. Pour moi je
« ne suis qu'un pasteur, et ma profession est de prendre soin des
« troupeaux. Sur quarante bœufs,
« qui m'ont été volés, il y en a
« vingt qui ne sont point à moi, et
« dès demain, je serai mis en prison
« par rapport à cela. Ni vous ni
« moi, ne pouvons croire que Dieu
« veuille se mêler de cette affaire;

« ainsi, je vous demande un soldat,
« qui puisse trouver le voleur et
« me faire rendre mes bœufs, afin
« qu'on ne me prive pas de ma li-
« berté. »

Abreha avoit alors fait reposer son armée, et par considération pour son hôte, il n'avoit point touché au temple, quand tout-à-coup, dit l'auteur arabe, on vit venir du côté de la mer, un troupeau d'oiseaux, appelés Ababil, ayant la face comme les lions, et portant dans chacune de leurs serres, une petite pierre de la grosseur d'un pois, et que tous ensemble, ils laissèrent tomber sur l'armée d'Abreha, de sorte qu'elle fut entièrement détruite.

L'auteur du manuscrit, d'où

M. Bruce a tiré cette fable, rapportée aussi par plusieurs historiens, et mentionnée dans le Koran, semble ne pas y croire beaucoup : car il observe, qu'il n'y a point d'oiseau, qui ait une face de lion ; qu'Abou-Thaleb étoit un payen, Mahomet n'étant point encore venu ; et que les chrétiens étoient adorateurs du vrai Dieu, le Dieu de Mahomet. En concluant, il dit que ce fut à cette époque que la petite vérole et la rougeole parurent pour la première fois en Arabie, et qu'elles détruisirent presque entièrement l'armée d'Abreha. Tout ce qu'il y a d'intéressant pour nous dans ce fait, c'est que le siége de la Mecque doit être regardé comme l'époque de la première apparition de cette terrible maladie (la petite vérole) qui commença en l'année 356. Plusieurs circonstances semblent prouver que l'armée abyssinienne en fut la première victime.

Quant à l'église qu'Abreha avoit bâtie près de l'océan indien, elle demeura libre et à l'abri de toute insulte, jusqu'au moment où les mahométans s'emparèrent de l'Arabie heureuse. Alors elle fut entièrement détruite, sous le califat d'Omar. Telle est la manière dont les Abyssins et les Arabes racontent la guerre de l'éléphant. « J'en ai parlé, » dit M. Bruce, « parce qu'on en trouve « le récit dans les écrivains les plus « respectables de ce temps-là. »

La religion juive avoit fait de grands progrès en Arabie, dès le commencement du commerce de l'Afrique avec la Palestine ; et après la destruction du temple de Jérusalem par Titus, l'accroissement de la population et des richesses des Juifs, les avoit rendus maîtres absolus de plusieurs parties de la péninsule. Il s'étoit établi dans le Neged (1), jusqu'auprès de Médine, de petits princes qui prenoient le titre de rois, et qui, étant entraînés dans les guerres de la Palestine, devinrent très-formidables aux nations commerçantes et pacifiques de l'Arabie, profondément plongées dans la corruption des Grecs.

Phinéas, prince juif des environs

(1) M. Niebuhr, description de l'Arabie, dit *Nedsied*.

de Médine, ayant vaincu Saint-Arétas, gouverneur du Najiram (1), commença à persécuter les chrétiens avec barbarie, et à leur faire subir des supplices d'un genre nouveau. Il fit remplir de feu plusieurs grandes fosses, dans lesquelles on précipita tous ceux des habitans du Najiram, qui ne voulurent pas renoncer au christianisme. Arétas et quatre-vingt-dix de ses compagnons, éprouvèrent ce sort affreux.

Mahomet dans son Koran parle du tyran Phinéas, et le nomme le maître des fournaises ardentes: « Ceux qu'il a fait souffrir, » dit-

(1) Le même M. Niebuhr dit *Nedsjeran*. L'ortographe qu'il emploie est plus conforme à la prononciation.

il, « déposeront contre lui, au jour « du jugement. »

Justin, empereur des Grecs, alors occupé à faire la guerre aux Persans, ne put donner aucun secours aux malheureux chrétiens, qu'on persécutoit en Arabie. Mais, en 522, il envoya une ambassade à Caleb, ou Elesbaas, roi d'Abyssinie, pour le solliciter en faveur des habitans du Najiram, chrétiens de la communion grecque, dont Caleb étoit lui-même. Caleb accéda aux demandes de l'empereur, et aussitôt il donna ordre à Abréha gouverneur de l'Yémen, de marcher au secours d'Arétas, fils de celui qui avoit été brûlé. Arétas rassembloit alors des troupes ; et se trouvant renforcé par ce secours, le jeune guerrier ne voulut point attendre l'arrivée du roi d'Abyssinie, pour venger la mort de son père. Ayant joint Phinéas, qui faisoit en ce moment traverser un bras de mer à son armée, il le battit complétement, et l'obligea de se jeter lui-même à cheval dans la mer, et de passer à la nage de l'autre côté pour ne pas être pris. Le roi d'Abyssinie ne tarda pas à traverser la mer Rouge, accompagné d'une puissante armée. Phinéas s'empressa aussi de rassembler ses troupes dispersées, et les deux concurrens se livrèrent une sanglante bataille dans laquelle la fortune de Caleb triompha de nouveau.

Cependant, aucun des royaumes juifs ne fut détruit, ni par les victoires de Caleb et d'Abréha, ni par les victoires des Persans, qui ne tardèrent point à se faire redouter. Les Juifs se maintinrent dans le Néged, au nord de l'Arabie, non-seulement après que Mahomet eut paru, mais jusqu'après l'égire; car ce fut la huitième année de cette ère, que le Juif Hybar fut assiégé dans un château qu'il avoit dans la même province de Néged, et qu'il fut tué par le gendre de Mahomet, par Ali, qui, depuis cette victoire, fut appelé Hydar Ali, c'est-à-dire, Ali le lion.

La plus honteuse prostitution s'étoit introduite dans l'église grecque, avec une multitude innombrables d'hérésies, qui d'abord accueillies comme les vrais principes de de la religion, étoient bientôt après, persécutées de la manière la plus cruelle et la plus absurde. Les mensonges, les légendes, les saints, les miracles, et sur-tout la conduite désordonnée des prêtres, faisoient regarder les chrétiens en Arabie, avec non moins de mépris que les Juifs; et s'ils se fussent montrés sous leur vrai point de vue, ils eussent été méprisés bien davantage.

Les inspirations de la nature qui se faisoient sentir dans le cœur d'un payen honnête, constamment occupé de longs, de pénibles, de dangereux voyages, l'excitoient souvent à réfléchir, que c'étoit cette providence par qui il étoit conduit, d'une manière invisible, qui fournissoit à tous ses besoins, et le tiroit fréquemment des dangers dans lesquels son ignorance et son imprudence le précipitoient. Exempt de tout système empoisonné, il desiroit de connoître son bienfaiteur et de pouvoir l'adorer dans la pureté et la simplicité du cœur, sans se livrer à ces folies, à ces momeries, avec lesquelles des prêtres ignorans ont déguisé le culte qu'on doit à Dieu. Animé par la charité, constant dans ses devoirs envers ses parens, plein de respect pour ses supérieurs, attentif et bienveillant pour les animaux mêmes ; en un mot, conservant les principes de la première religion que Dieu avoit inculqués dans le cœur de Noé, l'Arabe étoit déjà préparé à recevoir une religion plus parfaite que ne paroissoit l'être le christianisme, alors defiguré par la folie et la superstition.

Mahomet, de la tribu des Béni-Koreish, se chargea d'être l'apôtre d'une nouvelle religion, qu'il disoit avoir pour unique objet, l'adoration du vrai Dieu. Mais, cette même religion, remplie en apparence de la morale des Arabes, de cette patience, de cette abnégation de soi-même, supérieure peut-être à ce que l'Evangile recommande pour être sauvé, n'étoit au fond qu'une complication de blasphêmes, de mensonges, d'injustice et de corruption. Mahomet, ainsi que tous les Arabes de sa tribu, étoit profondément ignorant. Il n'y avoit parmi eux qu'un seul homme en état d'écrire ; et l'on ne doutoit point que cet homme ne dût servir de secrétaire à Mahomet : mais par malheur, le prophète ne put pas lire son écriture. L'histoire de l'ange, qui lui apportoit les feuilles du Koran, est bien connue, et tout le reste de la fable ne l'est pas moins. Les plus sages de ses parens se moquoient de l'impudence qu'il montroit, en prétendant avoir des communications avec les anges. Cependant, ses apôtres et lui, ayant gagné quelques-uns des plus vaillans guerriers des Béni-Koreish, ils réussirent à fonder une nouvelle religion, dans le temple de la Mecque, sur les ruines du sabéisme et de l'idolâtrie.

Mahomet n'institua aucune pratique sévère. Les prières fréquentes, les ablutions qu'il recommandoit, étoient agréables et faciles à un peuple sédentaire, qui habitoit un climat chaud. La légéreté d'un tel joug le fit donc bientôt préférer par ceux que rebutoient les longs jeûnes, les pénitences et les pélerinages. Cette religion dont le siége étoit à la Mecque, se répandit promptement chez toutes les nations commerçantes. L'Inde, l'Ethiopie, l'Afrique et presque toute l'Asie, l'embrassèrent soudain. Chaque caravane la rapportoit dans le sein de ses compatriotes : car tous les peuples de ces contrées ne se montroient pas moins ardens à prêcher et à propager leur nouvelle foi, qu'ils n'étoient attachés au commerce. Le temple de la Mecque, l'ancien rendez-vous des marchands de l'Inde, ne fut, peut-être, jamais plus fréquenté qu'alors. Le double motif des voyages qu'on y faisoit, étoit encore, comme autrefois, le commerce et la religion.

Les Arabes, bientôt après, commencèrent à s'adonner à la culture des lettres, et devinrent très-attachés à leur propre langue. Mahomet lui-même en étoit tellement jaloux qu'il donnoit l'élégance seule de son Koran, pour un plus grand miracle que la résurrection des morts. Cela n'étoit cependant pas généralement avoué de son temps. Il y avoit même des écrits qu'on regardoit au moins comme égaux, sinon comme supérieurs au Koran.

Les Arabes sont un peuple vivant dans un pays dont la plus grande partie est un désert. Ils logent sous des tentes. Leur principale occupation est d'élever et de soigner du bétail. Ils se marient toujours dans leur famille. Ainsi l'on voit que la langue d'un tel peuple doit être fort pauvre par elle-même ; d'autant plus encore que la nature de son pays n'offre aucune variété d'images. Aussi les Arabes furent-ils toujours de très-mauvais poëtes, comme leurs ouvrages (1) le prouvent. Mais si, contre la règle générale, le langage de l'Arabie déserte est devenu un langage très-abondant,

(1) Les Contes Arabes annoncent cependant beaucoup d'imagination, partie essentielle de la poésie.

il ne le doit, sans doute, qu'au mélange des différentes nations qui venoient trafiquer à la Mecque. En même temps, il devoit être très-corrompu, là où il y avoit le plus grand concours d'étrangers ; et il l'étoit en effet parmi les Béni-Koreish de la Caba.

Les guerres qui ensanglantèrent l'Arabie, d'abord, quand les Grecs et les Persans combattirent, et ensuite, lorsque Mahomet voulut établir sa nouvelle religion, nuisirent beaucoup au commerce de la Mecque. Les caravanes qui osèrent se hasarder pendant ces temps de troubles furent surprises en route, tantôt par un parti, tantôt par l'autre. Aussi, les marchands et le commerce s'éloignèrent bientôt, et allèrent s'établir au sud du golfe d'Arabie, dans les mêmes lieux, où s'étoient tenus anciennement les marchés, où s'étoient donnés les premiers rendez-vous des commerçans du monde. Azab, ou Saba, fut rebâtie. On releva également les murs d'un grand nombre de villes, tant sur la côte de la mer Rouge que sur le rivage de l'océan indien.

La conquête des pays que les Abyssins possédoient en Arabie, força tous ceux de cette nation qui s'y trouvoient, à se réfugier sur la côte d'Afrique, dans de petits territoires qui, par ce moyen, obtinrent bientôt de la considération. Adel et plusieurs autres provinces prirent le nom de royaume, et acquirent une puissance et des richesses supérieures à celles de beaucoup de royaumes plus anciens. Le gouverneur de l'Yémen (le Najashi) embrassa la religion de Mahomet, et se retira sur la côte d'Afrique du golfe d'Arabie. Son gouvernement ayant été dès long-temps ébranlé par les guerres des Arabes, fut enfin totalement détruit.

Le Calife Omar, après avoir subjugué l'Egypte, fit brûler la fameuse bibliothèque d'Alexandrie : mais ses successeurs pensèrent autrement que lui sur les sciences prophanes. Les livres grecs, et principalement ceux qui avoient rapport à la géométrie, à l'astronomie et à la médecine, furent recherchés de tous côtés, et traduits en Arabe. Les lettres ainsi encouragées refleurirent. Le commerce marchant d'un même pas, s'étendit avec les sciences. La géographie et l'astronomie furent par-tout étudiées avec soin; et on les employa aux grands voyages qu'on entreprit.

Les Juifs qui, dans tous les temps ont servi les Arabes, se prêtèrent beaucoup à leur goût pour les sciences. Ils étoient alors excessivement nombreux; et la rapidité des conquêtes des mahométans en Arabie et en Egypte, fut cause qu'ils devinrent encore plus puissans en Abyssinie. Cet empire recevoit dans ce temps l'arianisme et toutes les autres hérésies qui désolèrent l'église grecque ; et les désordres qu'elles y amenèrent, firent paroître une révolution en faveur du judaïsme, des plus faciles dans ce pays.

Une famille juive avoit toujours conservé une souveraineté indépendante, sur la montagne de Samen; et la résidence royale étoit établie sur ce rocher pointu, dont nous avons déja parlé, nommé le Roc-Juif. Plusieurs autres montagnes inaccessibles, servoient alors de forteresses à cette nation devenue très-nombreuse, par les fréquens renforts qu'elle avoit reçus de la Palestine et de l'Arabie, d'où les individus de la même religion avoient été chassés.

Gédéon et Judith occupoient le trône de Samen. Leur fille qui avoit le même nom que sa mère, étoit d'une rare beauté, et remplie de talens pour l'intrigue. Elle avoit été mariée

mariée au gouverneur du petit district de Bugna, dans le voisinage du Lasta, deux pays également infectés de judaïsme.

Cette Judith s'étoit fait un parti si puissant, qu'elle résolut de renverser le christianisme, et avec lui la lignée des descendans de Salomon, qui régnoient sur l'empire d'Abyssinie. Les enfans de la famille royale, selon la loi fondamentale de l'état, étoient confinés sur la montagne presque inaccessible de Damo, dans la province de Tigré. Le règne extrêmement court, et la mort imprévue du dernier roi, Aizor, la désolation qu'une maladie contagieuse avoit répandue dans la cour et dans la capitale de l'empire, la foiblesse de del-Nahad, enfant destiné à succéder à Aizor, tout persuada à Judith, qu'il étoit temps de placer sa famille sur le trône, et de rétablir la religion judaïque, en exterminant la race de Salomon. En conséquence, elle alla surprendre la montagne de Damo; et elle fit égorger tous les princes qui l'habitoient, et qui se trouvoient, dit-on, au nombre de quatre cents.

Au premier bruit d'une si sanglante catastrophe, quelques nobles d'Amhara conduisirent del-Nahad, devenu le seul rejeton de sa race, dans la puissante et fidèle province de Shoa; et par ce moyen, la famille royale fut conservée.

Cependant Judith, malgré la loi établie par la reine de Saba, s'empara du trône. Cette princesse qui eût dû recevoir un autre prix des moyens horribles dont elle s'étoit servie, pour usurper la couronne, non-seulement en jouit elle-même, pendant un règne de quarante ans, mais elle la transmit encore à cinq de ses descendans, dont les noms barbares annoncent qu'ils sont originairement du pays de Lasta. Voici ces noms :

Totadem. Jam-Shum. Garima-Shum. Harbai. Marari.

Cette dynastie ne se distingua que par la violence, le meurtre et l'oppression.

Après un grand nombre d'années, et de révolutions, la race de Salomon, qui s'étoit conservée dans les descendans de del-Nahad, fut rétablie sur le trône d'Abyssinie par l'abdication du roi Naacueto-Laab, qui se regardoit lui-même comme un usurpateur, bien qu'il eût reçu la couronne par droit de succession. Les princes, issus de del-Nahad, contens de posséder la province de Shoa, y avoient maintenu leur résidence, sans tenter une seule fois, à ce qu'il paroît par leurs annales, de remonter sur un trône qui leur appartenoit.

Race de Salomon, bannie et régnant en Shoa.

DEL NAHAD.	ASFEHA.
MAHABER WEDEM.	JACOB.
IGBA SION.	BAHAR SEGUED.
TZENAF ARAAD.	ADAMAS SEGUED.
NAGASH ZARÉ.	ICON AMLAC.

VOYAGE
AUX
SOURCES DU NIL.

LIVRE TROISIÈME.

Annales de l'Abyssinie, contenant l'histoire des Abyssins, depuis le rétablissement de la lignée de Salomon, jusqu'à la mort de Socinios, et la chute de la religion romaine.

ICON AMLAC.

De 1268 à 1283.

Ce prince, de la race de Salomon, fut le premier rétabli sur le trône, après le long exil que sa famille avoit souffert par la trahison de la sanguinaire Judith. Son nom d'Icon Amlac, le seul sous lequel il soit connu, signifie: « *Qu'il soit notre souverain* »; et sans doute il ne le prit qu'avec la couronne. Il fut prudent et sage.

IGBA SION.

De 1285 à 1312.

Igba Sion fut le successeur d'Icon Amlac. Après sa mort, il s'écoula un espace de cinq ans, pendant lesquels, cinq de ses frères montèrent successivement sur le trône. Ils se nommoient Bahar Segued, Tzenaff Segued, Jan Segued, Hazeb Araad, et Kedem Segued. Leur nom est tout ce qu'on sait d'eux.

Des règnes si courts semblent cependant prouver que ces princes vécurent dans des temps de troubles, soit qu'ils se fissent la guerre entre eux, soit qu'ils eussent à combattre les Maures du royaume d'Adel, dont la puissance s'étoit rendue redoutable.

Les cinq princes, qui régnèrent si peu, furent remplacés par Wedem Araad, le plus jeune de leurs frères. Celui-ci remplit le trône pendant quinze ans; et vraisemblablement, il sut maintenir son royaume en paix. C'est ainsi que nous le trouvons du moins au temps de son successeur.

AMDA SION.

De 1312 à 1342.

Amda Sion monta sur le trône à la mort de son père Wedem Araad. Ce prince n'est guère connu que sous le nom qu'il prit, en recevant la couronne. Néanmoins il portoit auparavant celui de Guebra Mascal. Le commencement de son règne fut signalé par une action indigne d'un chrétien, et qui, nouvelle dans les annales d'Ethiopie, sembloit annoncer un caractère bien différent de celui que ce prince montra par la suite. Il avoit aimé quelque temps, en secret, une des concubines de son père : mais en montant sur le trône, il en fit publiquement sa maîtresse, et non-content de cette espèce d'inceste, il abusa bientôt de ses deux sœurs.

Amda Sion ne comptoit pas plus au rang de ses vertus, la patience que la chasteté. Honorius, moine, plein d'un zèle ardent, et qu'on a depuis canonisé, crut qu'il étoit de son devoir d'abord, d'avertir le roi de ses crimes, et ensuite de l'excommunier publiquement. Le prince donna soudain l'ordre de saisir Honorius. Il le fit mettre nu, et fouetter de verges dans toutes les rues de Tegulat, sa capitale, qui l'étoit en même temps de la province de Shoa, dans laquelle la cour étoit toujours restée depuis le rétablissement de la race de Salomon. La nuit qui suivit l'action cruelle commise sur la personne d'Honorius, un horrible incendie réduisit en cendres la ville entière; et les prêtres ne manquèrent pas de dire au peuple que c'étoit le sang d'Honorius, qui avoit mis le feu, dans tous les endroits où il en étoit tombé la moindre goutte. Mais le roi, peut-être mieux informé, crut que c'étoient les moines mêmes, qui avoient brûlé sa capitale, et il bannit de la province de Shoa, ceux du monastère de Debra Libanos, dans lequel vivoit Honorius.

Tandis que le roi étoit occupé à exercer sa sévérité envers ces moines, un des Maures facteurs que ce prince avoit chargé de ses intérêts de commerce, fut volé et assassiné dans la province d'Ifat. Amda Sion rassembla soudain ses troupes, et leur donna ordre de l'attendre sur les frontières de son empire. Impatient de tirer vengeance de l'outrage qu'il avoit reçu dans la personne de son facteur, il fondit avec un petit nombre de cavaliers sur le premier établissement des mahométans, et il y passa au fil de l'épée tout ce qu'il rencontra. Puis se mettant à la tête de son armée, il marcha droit à Ifa, brûlant plusieurs villes situées sur son passage et remplies de marchandises précieuses. Ne trouvant rien qui s'opposât à ses fureurs, il divisa son armée en petits détachemens qu'il envoya de divers côtés, avec ordre de brûler et d'égorger tout ce qu'ils rencontreroient; et pendant ce temps-là, il resta lui-même dans son camp, pour garder les femmes et le bagage.

Les Maures étonnés de cette attaque terrible et soudaine, coururent aux armes. Ayant appris que le roi se tenoit dans son camp, avec un petit nombre de soldats, ils se réunirent sous le commandement du gouverneur d'Ifat, Hak-Eddin, le même qui avoit volé et massacré le facteur du roi. Ils résolurent d'attaquer le monarque de grand matin; mais heureusement pour lui, deux détachemens de ses troupes vinrent à son secours, et le joignirent la nuit-même qui précéda la bataille.

A peine l'aube commençoit à paroître, que les Maures se présentèrent. Mais au lieu de trouver les Abyssins

Abyssins endormis, ils les virent déja rangés en bataille; et ceux-ci, sans leur donner le temps de revenir de leur surprise, tombèrent sur eux avec fureur. Le roi voyant que Derdar, frère d'Hak-Eddin, s'étoit avancé hors des rangs pour animer les Maures au combat, fondit sur lui; et le frappant de sa lance, il l'étendit roide mort, puis le foula aux pieds de son cheval, à la vue des deux armées. Les Abyssins animés par cet exemple, pressèrent les Maures qui plièrent bientôt et s'enfuirent dans les bois, où l'on en massacra un grand nombre.

Après cette victoire, le roi donna ordre à ses soldats de construire des cabanes, pour ceux du moins qui ne trouveroient pas des maisons toutes prêtes. Il leur fit, en même temps, labourer et ensemencer de vastes champs, leur donnant à entendre par là, que son intention étoit de passer en cet endroit la saison des pluies.

Les mahométans sentirent bien alors que si ces projets étoient accomplis, il ne leur resteroit aucun espoir. Ainsi, ils se soumirent d'un commun accord, à payer le tribut que le roi voulut leur imposer. Amda Sion ayant mis Sabber Edin à la place de son frère Hak Eddin, et voyant que les pluies commençoient à tomber, congédia son armée, et s'en retourna dans sa capitale.

Quoique la valeur du roi eût suffi pour lui mériter l'estime et l'attachement des soldats, sa libéralité les lui concilia encore mieux. Tout le butin pris sur les ennemis, fut rigoureusement partagé entre ceux qui l'avoient gagné. Le monarque ne voulut jamais en avoir sa part, que lorsqu'il avoit combattu en personne ; et alors, il ne se taxoit pas plus qu'un de ses principaux officiers.

De retour à Tégulat, il montra le même désintéressement. Il distribua tout ce qu'il avoit rapporté, tant aux grands que leurs emplois avoient empêché de le suivre, qu'aux prêtres, pour le service de l'église. Les pauvres eurent aussi leur part.

La saison pluvieuse en Abyssinie met ordinairement un terme aux expéditions militaires. Chacun rentre alors dans sa ville ou son village, pour se mettre à l'abri des pluies qui inondent sans cesse le pays. Les soldats, les laboureurs et sur-tout les femmes, consacrent ce temps à des plaisirs continuels. Les villes et les villages sont toujours placés sur les plus hautes montagnes. Les vallées qui séparent ces montagnes, contiennent des torrens rapides et profonds. Chaque sentier forme un courant. Toute la vallée est trop bourbeuse, pour pouvoir y passer à cheval; et la violence des eaux ne permet pas aux gens de pied, de s'y hasarder. C'est donc alors, et seulement alors, que les habitans dorment tranquilles dans leurs maisons. Les lances, les boucliers sont suspendus aux murailles. On ôte les selles et les brides aux chevaux, qui dans le reste de l'année ne quittent pas ces harnois, même pour paître.

La cour et les principaux officiers du roi se retirent dans la capitale. Ils y administrent la justice; ils y contractent des alliances entre eux; ils y préparent les fonds et tout ce qui est nécessaire pour le retour de la belle saison.

Tous ceux qui ont écrit sur l'Abyssinie, louent beaucoup les habitans de ce pays-là, de n'avoir jamais cru à l'existence des sorciers et à la magie. M. Bruce déclare que les Abyssins ne méritent pas cet éloge. A peine trouve-t-on un seul moine des monastères isolés, un hermite de ceux qui vivent en grand nombre dans les montagnes, un vieux prêtre enfin qui ait demeuré quelque temps solitaire, qui ne prétende posséder des charmes pour nuire, ou pour empêcher qu'on ne nuise, et différentes méthodes pour lire à son gré dans l'avenir. Tous les Maures depuis le premier jusqu'au dernier, croient à l'astrologie. Leurs bras et leur cou sont, sans cesse, chargés d'amulettes et de talismans, pour se garantir du mal que les sorciers pourroient leur faire. Leurs femmes passent pour être des magiciennes très-dangereuses; et toute la nation Maure a, dit-on, de grands talents pour la divination. Les Falashas sont encore réputés plus habiles sorciers, s'il est possible. Tous les Abyssins croient fermement que les hyènes, attirées la nuit en grand nombre dans la ville de Gondar, par l'odeur des charognes, ne sont autre chose que les Falashas des montagnes voisines, qui, par enchantement, se revêtent de la forme de ces animaux. Les Gallas même, nation étrangère, barbare et ennemie des Abyssins, dont elle diffère par la religion et le langage, les Gallas s'accordent cependant à croire avec eux, à toute la puissance de la magie. Ils s'imaginent, les uns et les autres, qu'on peut, à une très-grande distance, rendre les gens malades, les faire mourir, détruire les moissons, empoisonner les eaux, et nouer l'aiguillette.

Les Abyssins ont tous une timidité absurde pendant la nuit. Ils craignent de voyager et bien plus de combattre dans ce temps, où ils s'imaginent que le monde est livré à certains génies, ennemis de l'homme, et prompts à la vengeance, quand par hasard, ils sont interrompus dans leurs opérations. Cette superstition est portée si loin, qu'un Abyssin n'ose risquer de renverser un vase d'eau à terre, de peur que cette eau ne tombe sur quelque génie, ou sur quelque farfadet. Les Maures, en partie exempts de ces craintes ridicules, sont accoutumés à voyager pour leur commerce à toutes les heures, et ils choisissent souvent la nuit pour éviter la chaleur. Ils se moquent de la superstition des Abyssins, tout en prenant les précautions contre les mauvais génies. Un passage du Koran, cousu dans un morceau de cuir, et attaché autour de leur bras ou de leur cou, les garantit, à ce qu'ils croient, de tout maléfice. D'après cet avantage, ils ne manquent pas, chaque fois que l'occasion s'en présente, de combattre les Abyssins, avant l'aube du jour, parce que dans ce pays-là, il n'y a point de crépuscule.

Amda-Sion mourut paisiblement à Tégulat, après un règne de trente ans, qui ne fut qu'une suite de triomphes. Rien dans son histoire, n'annonce qu'il ait été une seule fois vaincu.

SAÏF ARAAD.

De 1342 à 1370.

Ce prince succéda à son père Amda-Sion. Il est probable que de son temps, tout fut tranquille du côté du royaume d'Adel. Les annales de son règne n'offrent rien de remarquable. Il en est de même de celles des rois ses successeurs, jusqu'en 1434. On compte six de ces rois.

ZARA-JACOB.

De 1434 à 1468.

Zara-Jacob, quatrième fils de David II, succéda à son neveu, et occupa le trône pendant trente-quatre ans. Il prit alors le nom de Constantin. On le regarde en Abys-

…inie comme un autre Salomon, c'est-à-dire, comme le meilleur modèle qu'un souverain puisse choisir. Il paroît que ce prince eut non-seulement des occasions favorables pour s'instruire de la politique, des mœurs et de la religion des nations étrangères; mais qu'il y mit aussi beaucoup d'ardeur.

Les Abyssins avoient fondé depuis long-temps à Jérusalem, un couvent auquel Zara-Jacob fit des dons, ainsi qu'on le voit par des lettres qu'il écrivit lui-même à un religieux de ce couvent, lettres qui existent encore.

Il obtint aussi le consentement du pape, pour établir à Rome un couvent d'Abyssins, qui est toujours destiné aux moines de cette nation ; mais où il n'en vient guère non plus qu'à Jérusalem. Au nom de ce prince, et conformément à ses desirs, Nicodème, alors supérieur de ce même couvent, envoya des ambassadeurs, ou plutôt de simples prêtres, au concile de Florence. Ces prêtres, cependant, adhérèrent au sentiment de l'église grecque, sur la procession du Saint-Esprit, grand objet de schisme entre les Grecs et les Latins. L'ambassade abyssinienne parut toutefois assez importante pour être le sujet d'un tableau du Vatican ; et c'est à ce tableau que nous devons aujourd'hui la connoissance de cette particularité.

Zara-Jacob, pendant quelque temps, persécuta ceux de ses sujets,

jets, accusés d'idolâtrie. Son conseil blâma les exécutions qui en furent la suite; ce qui produisit l'heureux effet de les faire cesser.

BŒDA MARIAM.

De 1468 à 1478.

Bœda Mariam monta sur le trône d'Abyssinie, contre la volonté de son père, qui, dans la dernière année de sa vie, le traita avec beaucoup de rigueur. La reine sa mère, impatiente de le voir régner, se réunit à plusieurs personnes de sa famille, et croyant le roi trop âgé, pour s'opposer à ses desseins, elle résolut de l'engager à partager le trône avec son fils. Les exemples du règne de deux rois, n'étoient point rares en Abyssinie : mais les choses étoient bien changées. La jalousie avoit succédé à la confiance ; et elle écartoit du gouvernement, l'héritier de la couronne, autant qu'elle le pouvoit.

La mère de Bœda Mariam, nommée Sion Magass, c'est-à-dire, la grace de Sion, crut que pour mieux faire réussir son projet, elle devoit mettre le clergé dans ses intérêts. Quoique ce corps ne se déclarât pas ouvertement, il est certain qu'il parut approuver la reine, plus que la fidélité qu'il devoit au roi, ne le permettoit. Cette princesse s'adressa ensuite aux grands officiers de l'état, ainsi qu'à ceux qui entouroient son époux, et qui étoient le plus attachés à son fils. Mais ceux-ci cherchèrent à la détourner de ses desseins; et voyant qu'elle y persistoit, ils avertirent le roi lui-même. Ce prince fut si indigné d'un tel projet, qu'il ordonna que Sion Magass fût frappée de verges, jusqu'à ce qu'elle expirât. Cette exécution sanglante étant achevée, on enterra en secret le corps de la malheureuse reine, dans une église consacrée à la vierge.

Cependant Bœda Mariam n'avoit paru prendre aucune part à ses intrigues. Mais après la mort de Sion Magass, on rapporta à Zara-Jacob, que le jeune prince avoit pris de l'encens et des cierges dans les églises, et qu'il s'en étoit servi, pour rendre les devoirs d'usage au tombeau de sa mère. Le roi fit alors venir son fils qui lui rendit un compte fidèle de tout ce qu'il avoit fait, s'en applaudissant aux yeux du monarque lui-même, et déclarant qu'aucune puissance sur la terre, ne pourroit l'empêcher de donner des marques de respect et d'affection à la mémoire de sa mère.

Le roi considérant la manière dont ce prince se justifioit, comme un reproche de sa cruauté, le fit charger de fers, lui et son ami Méherata Christos; et il les exila tous deux sur une montagne. Il est même difficile de dire jusqu'où se seroit portée la colère du monarque, si les membres du clergé, qui se regardoient à quelques égards, comme les complices de la mère de Bœda Mariam, n'avoient, d'après de prétendues prophéties, convaincu le roi, que l'infaillible arrêt de la providence étoit que le jeune prince lui succédât. Zara-Jacob se soumit à cet ordre, parce qu'il lui faisoit espérer que sa race se maintiendroit long-temps sur le trône d'Abyssinie.

Tandis que Bœda Mariam travailloit à la conquête du royaume d'Adel, il fut attaqué d'une colique d'intestins, si violente, qu'il en mourut. On ignore si ce fut l'effet de quelque poison.

Ce prince étoit rempli de sagesse et de bravoure. Il aimoit peu les plaisirs. Quoique pieux et zélé pour le maintien de sa religion, il sut résister à toutes les tentatives des prêtres qui cherchoient continuellement à persécuter, à innover, et même à se rendre indépendans.

Ce fut sous son règne que les Portugais envoyèrent leur première ambassade en Abyssinie.

ISCANDER, ou ALEXANDRE.
De 1478 à 1495.

L'histoire d'Abyssinie nous apprend que, dès que Bœda Mariam fut mort, une foule de nobles s'assemblèrent et allèrent chercher sur la montagne de Geshen, la reine Romana, et son jeune fils Iscander, qui, à son arrivée, dans la province de Shoa, fut couronné roi, sans la moindre opposition.

Lorsque ce jeune prince fut monté sur le trône, la reine-mère, l'Acab Saat, Tesfo Georgis, et le Betwudet

Amdu, gouvernèrent le royaume, plusieurs années, avec un despotisme absolu. Il se forma alors contre eux une conspiration, à la tête de laquelle étoient deux hommes très-puissans, l'Abba Amdu et l'Abba Hasabo ; mais leur trame fut découverte. Quelques conspirateurs furent punis de mort, d'autres emprisonnés, et d'autres enfin bannis dans des lieux inhabitables, afin qu'ils y pérîssent de maladie ou de misère.

Iscander, après une guerre malheureuse contre le royaume d'Adel, laissa dans les provinces septentrionales, à mesure qu'il les traversoit, les troupes de ces provinces. En conséquence, il arriva en Shoa, avec fort peu de monde à sa suite. Il apprit alors que Za Saluce, son premier ministre, s'étoit retiré en Amhara : mais le traître avoit laissé ses créatures, et leur avoit donné ses instructions. Ainsi, le lendemain de l'arrivée du monarque à Tegulat, capitale de la province de Shoa, ils allèrent le surprendre, la nuit, dans une petite maison où il s'étoit retiré, et ils l'égorgèrent, pendant son sommeil. Ensuite ils cachèrent quelques jours son corps dans un moulin. Mais Taka Christo et quelques autres amis du roi le découvrirent, et l'exposèrent aux yeux du peuple qui, d'une voix unanime, proclama roi, le fils du prince assassiné, et déclara traîtres à la patrie Za Saluce et ses partisans.

Cependant Za Saluce ne rencontra point en Amhara, l'accueil dont il s'étoit flatté. Toute la noblesse de la province s'arma contre lui. Ses troupes l'abandonnèrent, et il fut pris. On lui arracha les yeux; et l'ayant monté sur un âne, on le promena dans les provinces d'Amhara et de Shoa, au milieu des malédictions de tout le peuple.

Andréas, appelé au trône, et nommé alors Amda Sion, n'étoit qu'un enfant, et n'eut qu'un règne de sept mois.

NAOD.

De 1495 à 1508.

Après le meurtre du jeune roi Iscander, ou plutôt après la mort d'Andréas son fils, les Abyssins las des troubles qu'occasionnent les minorités, offrirent unanimement la couronne à Naod. Il étoit frère d'Iscander et n'avoit qu'un an de moins que lui : mais Bœda Mariam l'avoit eu de Calliope, sa seconde femme.

En montant sur le trône, Naod fit publier une amnistie générale. Il déclara : « que tout homme qui reprocheroit à un autre d'avoir pris parti dans les derniers troubles, d'être entré dans quelque complot, d'avoir été partisan de l'impératrice, ou de Za Saluce, ou d'avoir reçu des présens des Maures, seroit mis à mort sans aucun délai. » Cette déclaration produisit le plus heureux effet ; elle tranquillisa tous les esprits.

Naod, par son courage, s'étant délivré d'une guerre qu'il soutint contre les Maures, rentra dans ses états; et, en prince rempli de prudence, il s'occupa à réformer divers abus qui s'étoient introduits parmi son peuple, et à cultiver les arts. Ce prince mourut après un règne de treize ans.

DAVID III.

De 1508 à 1540.

David n'étoit âgé que d'onze ans, lorsqu'il fut placé sur le trône. A son avénement, il prit le nom de Lebna Denghel, c'est-à-dire, l'encens de la Vierge ; puis le nom d'Etana Denghel, ou de myrrhe de la Vierge ; et enfin celui de Wanag Segued, qui signifie respecté, craint des lions. Aussi fut-ce avec les lions, qu'il passa la dernière partie de sa vie, ce prince s'étant retiré sur les montagnes les plus sauvages de son empire. Il mourut en 1540, après un règne des plus orageux.

Tandis que David étoit dans sa minorité, sa mère, la reine, ou l'impératrice Héléna, envoya un ambassadeur au roi de Portugal, dont elle réclamoit les secours contre les Turcs qui commençoient à se faire redouter.

David reçut aussi un ambassadeur, et des troupes que lui envoya le roi de Portugal.

CLAUDIUS.

CLAUDIUS, ou ATZENAF SEGUED.

De 1540 à 1559.

Claudius, étant encore très-jeune, monta sur le trône de son père, dans un temps où l'empire sembloit, plus que jamais, avoir besoin d'un prince à qui l'âge eût donné de l'expérience. Mais Claudius possédoit des graces et une affabilité, qui, à la première vue, lui gagnoient le cœur de tous ses sujets. Il avoit été élevé avec le plus grand soin; il étoit instruit dans tous les exercices militaires, et sur-tout brave à l'excès. C'est du moins ce qu'on dit de lui, dans les annales d'Abyssinie. M. Bruce croit cependant qu'il ne mérite pas tous ces éloges.

Nour, gouverneur de Zeyla, étoit éperdument amoureux de Del-Wumbaréa, veuve de Mahomet Gragné, général des Maures, et lui avoit rendu un grand service, en l'aidant à fuir, le jour que son époux fut tué. Cette héroïne ne voulut point alors répondre à la passion de Nour, et elle promit de ne jamais donner sa main qu'à celui qui lui apporteroit la tête du vainqueur de Gragné, du roi d'Abyssinie, de Claudius enfin. Nour accepta, avec ardeur, une condition qui lui laissoit peu de rivaux à craindre.

Avant que Claudius qui, jusqu'alors, avoit été toujours victorieux, marchât contre les Maures d'Adel, il reçut un message de Nour, qui lui disoit que, quoique Gragné fût mort, il restoit encore un gouverneur de Zeyla, dont la famille étoit destinée à répandre le sang des princes Abyssins; et qu'il l'avertissoit de se tenir prêt, parce qu'il alloit le joindre promptement pour le combattre. Claudius venoit de voyager dans plusieurs parties de ses états, pour y faire relever les églises que Gragné et les autres mahométans avoient brûlées; et il rebâtissoit celle de Debra Werk (la montagne de l'Or), quand il reçut le défi de Nour. Ce prince étoit d'un caractère à ne jamais refuser un cartel. S'il ne marcha pas tout de suite contre Nour, il ne tarda pas du moins de le faire. Ayant rassemblé son armée à la hâte; il prit la route d'Adel, au grand regret de ses amis qui lui conseilloient, dit-on, le contraire.

Il semble peut-être étrange qu'on pût donner un tel conseil à ce prince qui, jusqu'alors victorieux, régnoit sur un peuple entièrement soumis. Mais on avoit prophétisé dans le camp, que le roi entreprenoit une campagne malheureuse, et qui lui coûteroit la vie. Ces bruits funestes, tout en servant à décourager l'armée, produisoient un effet contraire sur l'esprit du monarque. Ils fortifioient la résolution qu'il avoit prise de combattre. Le clergé qui l'avoit vu chasser du royaume les mahométans, résister courageusement au patriarche romain, réparer les torts que son père avoit voulu faire à la communion grecque, et rebâtir les églises, avec zèle et magnificence, le clergé avoit excité en lui un tel enthousiasme, qu'on l'entendoit dire souvent qu'il préféroit de recevoir la mort, en combattant contre les infidèles, à la vie la plus longue au sein du repos.

Les deux armées étoient déjà rangées en bataille, et l'action alloit s'engager, quand le principal moine de Debra Libanos vint trouver le roi, pour lui faire part d'une vision qui l'avertissoit de ne point combattre. Mais les Maures s'avançoient, et le roi déjà à cheval, au lieu de répondre au prêtre, marcha promptement à l'ennemi. Au premier feu, les Abyssins fuirent lâchement, laissant leur prince engagé au milieu de l'armée maure, avec vingt cavaliers et dix-huit fusiliers portugais, qui furent tous tués à ses côtés. Claudius lui-même, enfin tomba mort, après avoir combattu en héros, et reçu vingt blessures différentes. Sa tête fut coupée et portée par Nour à Del Wumbarea. Cette femme la fit attacher par les cheveux aux branches d'un arbre qui étoit devant sa porte, voulant ainsi, repaître continuellement ses yeux d'un spectacle qui lui étoit si cher. Elle en jouit trois ans de suite. Mais il est probable qu'à la fin, la veuve de Gragné sentit amortir dans les bras d'un nouvel époux, la douleur que lui avoit inspirée la perte du premier, puisqu'elle consentit à mettre un terme à sa vengeance. Un marchand arménien acheta la tête de Claudius, et l'apporta à Antioche, où il l'ensevelit dans le tombeau d'un saint de même nom.

Claudius avoit régné dix-neuf ans. Ses grandes qualités et ses talens le rendirent digne d'occuper une place entre les rois les plus distingués que nous présente l'histoire. Combattant dès le premier moment qu'il monta sur le trône, il fût vainqueur dans toutes les batailles qu'il livra, excepté dans celle où il perdit la vie. Après qu'il eut été tué, les Maures firent un grand carnage des Abyssins qu'ils avoient mis en déroute, et la plus grande partie de la noblesse fut égorgée en voulant s'échapper. Parmi ceux qui périrent, on compte ce moine, dont l'esprit prophétique, en lui faisant prévoir la mort du roi, ne s'étoit pas étendu jusqu'à lui révéler la sienne.

Les Abyssins s'empressèrent de placer dans le catalogue de leurs saints, le nom du prince qu'ils venoient de perdre; et jusqu'à présent, il est appelé Saint-Claudius, dans sa patrie.

La bataille où ce roi perdit la vie, se donna le 22 mars 1559. Les principaux officiers Abyssins y périrent aussi. Une partie de l'armée resta prisonnière, et le camp fut mis entièrement au pillage. Aussi jamais aucun général Maure n'étoit rentré dans son pays avec tant de gloire. Mais ensuite Nour offrit au monde un spectacle plus mémorable et qui lui fit plus d'honneur que sa victoire. Quand il fut près d'Adel, il se revêtit d'un habit de simple soldat, il monta une mule commune, et il défendit les chansons avec lesquelles on a coutume d'accueillir, dans ces contrées, les généraux triomphans. Il déclara en même temps qu'il n'avoit aucune part au succès de cette journée, et que la gloire en étoit due à Dieu seul, dont la main toute-puissante avoit frappé l'armée chrétienne.

MÉNES, ou ADAMAS SEGUED.

De 1559 à 1563.

Ménes succéda à son père Claudius, et trouva le royaume dans la plus grande confusion. Il ne se passa cependant rien de très-important sous son règne.

SERTZA DENGHEL, ou MELEC SEGUED.

De 1563 à 1593.

Sertza Denghel, en succédant à Ménes son père, prit le nom de Melec Segued. Il n'avoit que douze ans; et son couronnement se fit à Axum, avec toutes les anciennes cérémonies du pays. Le commencement du règne de ce prince fut marqué par une révolte de soldats qui s'étant d'abord joints aux mahométans, pillèrent la ville et se débandèrent.

Les Gallas inquiétèrent vivement Melec Segued. C'est ici le lieu de faire connoître cette nation, qui seule, a causé plus de mal à l'Abyssinie que toutes ses guerres civiles et étrangères.

Les Gallas sont un peuple très-nombreux de pasteurs, qui, vraisemblablement, vivoient sous l'équateur, ou au-delà de la ligne. L'on ne peut savoir précisément la cause de leur migration : mais pendant plusieurs années, ils se sont portés constamment vers le nord. Ils n'avoient d'abord parmi eux que de l'infanterie ; et ils disent que le pays d'où ils venoient, ne leur permettoit pas d'élever des chevaux ; ce qui est en effet impossible au 13e. degré nord de la ligne, dans les environs de Sennaar. Ils ont maintenant une cavalerie formidable.

Sous la ligne, au midi de l'Abyssinie, les montagnes sont excessivement élevées. On y voit rarement le soleil à cause des nuages et de la pluie qui chargent continuellement le ciel. En conséquence, les Gallas ont la peau brune et les cheveux longs. Ce peuple ne connoissoit d'abord, pour principale nourriture que le lait et le beurre : mais en s'approchant d'un climat moins pluvieux, il a appris des Abyssins à cultiver la terre et à faire du pain.

Les Gallas affectionnent beaucoup le nombre sept, et ils ont divisé leur populeuse nation en tribus triples de ce nombre. Ils s'accordent tous à dire qu'en arrivant aux frontières de l'Abyssinie, ils se trouvèrent au centre du continent de l'Afrique.

frique. Le pays s'élevant à mesure qu'ils s'avançoient, sept de leurs tribus se tournèrent vers l'est, du côté de l'océan indien. Elles s'y établirent et multiplièrent prodigieusement.

Dans le temps que celles-ci marchoient à l'orient, sept autres tribus gagnoient vers l'occident, et s'étendoient, en formant un demi-cercle, au midi du Nil, tout le long de ses bords, autour de la province de Gojam, par derrière le pays des Agows (qui sont sur la rive orientale du fleuve), et jusqu'aux montagnes habitées par les Gougas et les Gafats. Les forêts qui bordent les hauteurs du Nil, ont jusqu'à présent servi de barrières à ce peuple, non qu'il n'ait souvent conquis, et plus souvent encore, pillé les provinces que les Abyssins possèdent de ce côté : mais depuis le règne de Sertza Denghel, le théâtre de la guerre entre les deux nations, a été constamment sur la rive orientale du fleuve. Les Gallas n'ont point formé d'établissemens à force ouverte sur la rive qui dépend de l'Abyssinie. Seulement, il s'y étoit établi quelques-unes de ces peuplades qui, à la suite de leurs guerres intestines, sont venues trouver le roi d'Abyssinie, et en ont obtenu des terres riveraines du Nil, vis-à-vis de la nation même qu'elles abandonnoient, et contre laquelle elles sont devenues le plus redoutable rempart.

Les sept dernières tribus des Gallas demeurèrent au centre du pays, c'est-à-dire, aux frontières méridionales de la province de Shoa. Elles sont moins connues, parce qu'elles ont fait moins de progrès que les autres. Toutes ces tribus entourent l'Abyssinie de l'orient au midi, et du midi à l'occident. Elles y font des incursions continuelles, brûlent et massacrent tout ce qui tombe sous leurs mains. Les Gallas ont, en outre, l'affreuse coutume de couper les parties secrètes des hommes ; ils les font sécher et les suspendent à leurs maisons. Leur cruauté s'étend même, jusqu'à ne pas épargner les femmes enceintes, qu'ils éventrent toujours, dans l'espoir de détruire un enfant mâle. Ce peuple, le plus cruel, sans doute, qui ait jamais habité aucun pays, est néanmoins soumis à un gouvernement excessivement vigilant et sévère. Les moindres querelles, les disputes les plus légères entre particuliers, sont soudain jugées et punies.

Chacune des trois divisions des Gallas élit un roi qui règne sur ses sept tribus. Les Gallas ont aussi une espèce de noblesse dans les seules familles de laquelle le roi peut être choisi. Mais le mérite militaire élève quelquefois les familles plébéiennes à la noblesse et au droit de suffrage. Jamais aucun de ces nobles ne peut être élu roi, qu'il n'ait passé l'âge de quarante ans, à moins qu'il n'ait tué de sa propre main, autant d'ennemis qu'il lui manque d'années pour avoir l'âge requis.

A la mort du roi, le conseil de chaque tribu se rassemble d'abord séparément dans son district. Il examine combien il est nécessaire de laisser d'hommes dans son territoire, pour le garder, le gouverner, le cultiver; et ensuite ceux qui obtiennent le plus de suffrages, vont joindre tous les représentans, dans l'endroit où le roi résidoit, c'est-à-dire, parmi la tribu qui a fourni un souverain, il y a sept ans. Là, ils s'asseoient sous un arbre, qui est sacré pour ces nations, et qui semble être leur dieu. C'est le Wanzey. Il porte une fleur blanche, il a un feuillage très-touffu, et il est fort commun dans l'Abyssinie. Après différens scrutins, le nombre des candidats est réduit à quatre, et alors les suffrages des six tribus s'arrêtent: mais la septième dont le tour est venu de fournir un roi, le choisit parmi les quatre candidats, le couronne d'une guirlande de Wanzey; et met dans ses mains un sceptre fait aussi du bois de cet arbre. Ce roi porte le titre de Buco.

Le roi des Gallas occidentaux est désigné sous le nom de Lubo. Celui des autres Gallas, sous le nom de Moaty. Chacun de ces rois dicte à l'assemblée qui l'a élu, le meurtre et le pillage qu'elle doit entreprendre: mais il a soin de lui prescrire un prompt retour, en cas que la nation ait besoin de ses forces. Les Gallas passent pour être très-propres à surprendre et à attaquer, mais ils manquent de persévérance. Ils font des marches incroyables. Ils traversent les rivières en tenant leurs chevaux par la queue, exercice auquel ils se forment de bonne heure. Ils font, en très-peu de temps, le plus grand mal possible aux nations qu'ils combattent; et rarement ils suivent pour s'en retourner le chemin par lequel ils sont venus. Ils forment enfin une cavalerie légère excellente pour une armée qui est en pays ennemi.

Le fer étant très-rare chez les Gallas, ils ont pour arme principale, un long bâton, terminé en pointe et durci au feu, dont ils se servent comme d'une lance. Leurs boucliers sont de peau de bœuf, sans être doublés ; aussi sont-ils sujets à se racornir dans les temps secs, et à devenir trop mous quand il pleut. Malgré ces désavantages, la cruauté des Gallas avoit fait une telle impression sur les Abyssins, qu'ils soutenoient autrefois rarement leur premier choc. Les cris barbares qu'ils poussent en chargeant l'ennemi, épouvantoient tellement les chevaux et les cavaliers, que ceux-ci ne pouvoient s'empêcher de prendre la fuite.

Les femmes des Gallas sont, dit-on, très-fécondes. Elles ne se renferment pas une seule journée chez elles, après leurs couches. Elles font également leurs travaux de ménage, et elles vont de même dans les champs. Ce sont elles qui labourent, sèment et recueillent la moisson. Les bœufs servent à emporter le blé, et les hommes les conduisent. Ce sont aussi les hommes qui gardent le bétail.

Les Gallas sont, dans les deux sexes, au-dessous d'une taille médiocre, mais extrêmement agiles. Les hommes et les femmes, sur-tout les premiers, tressent leurs cheveux, avec des boyaux de bœuf; et comme ces boyaux se putréfient, cela leur donne une odeur épouvantable. Ils se frottent la tête et tout le corps avec du beurre, ou de la graisse fondue, qui découle continuellement. Cette coutume prouve qu'ils sortent d'un pays plus chaud que celui qu'ils habitent aujourd'hui, et elle a beaucoup de rapports avec celle des Hottentots. Les Gallas n'ont aucun vêtement sur le corps, à l'exception d'un petit morceau qu'ils portent pour cacher leurs parties naturelles, et d'une peau de chèvre dont ils se couvrent les épaules, comme nos femmes se couvrent d'un mouchoir.

On dit qu'ils n'ont aucune espèce de religion. M. Bruce croit cependant, qu'on n'a pas établi ce fait, d'après des recherches assez profondes. L'arbre que les Gallas appellent Wanzey, et sous lequel ils couronnent leur roi, est adoré comme une divinité, par leurs différentes tribus. Il y a aussi une sorte de pierre à laquelle ils rendent une espèce de culte. « Mais certai- « nement, » dit M. Bruce, « ils

« adorent la lune, et sur-tout quand
« elle est nouvelle : j'en ai été fré-
« quemment témoin. Ils adorent
« aussi quelques étoiles, quand elles
« sont dans certaines positions, et
« à différens temps de l'année. Enfin
« je pense qu'ils conservent une
« grande partie de l'ancien sabéisme.
« Tous, tant qu'ils sont, croient à
« la résurrection des morts. Ils
« croient qu'ils reviendront sur la
« terre avec le même corps qu'ils
« ont; mais dans un état plus par-
« fait, et qu'ils recommenceront
« une nouvelle vie, dans un endroit
« qu'ils ne connoissent pas, et où ils
« ne pourront ni mourir, ni souf-
« frir en aucune manière. Ils n'ont
« qu'une idée fort obscure des châ-
« timens futurs : mais ils se flattent

« que leur récompense sera une
« existence douce et tranquille, au
« sein de la même famille, et des
« mêmes amis avec lesquels ils vi-
« vent sur la terre. »

Les Gallas qui habitent au midi sont pour la plupart convertis au mahométisme. Mais ceux de l'orient et de l'occident restent payens. Ils se marient entre eux et ne souffrent jamais que des étrangers s'établissent dans leurs pays.

Les Gallas épousent cependant quelquefois des femmes Abyssiniennes : mais les enfans qui proviennent de ces mariages, ne peuvent occuper aucun emploi chez eux. Voici la manière de se marier parmi ce peuple. L'époux se présente devant les parens de l'épouse,
tenant

tenant dans sa main droite une poignée d'herbe, et dans sa main gauche, une bouse de vache. Il dit : « Puisse ceci ne jamais entrer, et « cela ne jamais sortir, si je ne tiens « pas ce que je promets; » c'est-à-dire, puisse la vache ne jamais mettre de l'herbe dans sa bouche pour se nourrir, ou puisse-t-elle mourir avant que de rendre l'herbe qu'elle aura mangé. Les conventions matrimoniales sont très-simples. L'époux jure à la jeune épouse de lui donner à manger et à boire, pendant qu'elle vivra, et de l'enterrer quand elle sera morte.

La polygamie est permise aux Gallas : mais ils se contentent ordinairement d'une seule femme. Ils sont même si modérés, à cet égard, que ce sont les femmes qui sollicitent les hommes d'augmenter le nombre de leurs épouses. L'amour de leurs enfans semble l'emporter de beaucoup sur le goût des plaisirs et de la volupté ; et ce sentiment si noble fait trop d'honneur à ces sauvages pour qu'on puisse le passer sous silence. Une jeune femme qui a un, ou deux enfans de son mari, le prie de prendre une autre épouse ; et pour mieux l'y engager, elle lui indique les plus belles filles qu'elle connoisse, principalement celles qu'elle croit les plus propres à devenir mères. Après que le mari a fait son choix, elle va à la tente de la jeune fille, et s'assied devant la porte, dans une posture suppliante, jusqu'à ce qu'elle ait

été aperçue par les personnes qui sont dedans. Alors elle se nomme à haute voix. Elle crie : « qu'elle est
« fille d'un tel ; que son mari pos-
« sède tout ce qui peut rendre une
« femme heureuse ; qu'elle n'a que
« deux enfans ; et que sa famille
« étant si bornée, elle prie la jeune
« fille, qui est dans la tente, de
« venir épouser son mari, afin que
« leur famille devienne puissante,
« et que dans un jour de bataille,
« ses enfans ne deviennent pas la
« proie de leurs ennemis. »

En effet, les familles des Gallas se réunissent toujours pour combattre, soit dans leurs guerres intestines, soit dans les guerres étrangères.

Quand la première femme a obtenu une seconde épouse pour son mari, elle la conduit chez elle. Elle les fait coucher tous deux, et les ayant laissés ensemble, elle donne un festin aux parens de sa nouvelle compagne. Là, elle fait venir ses enfans ; et chaque guerrier leur posant les mains sur la tête, s'engage par serment à vivre et à mourir avec eux, comme avec des siens propres. Après cette espèce d'adoption, les enfans sont menés chez tous leurs nouveaux parens, et passent sept jours à les visiter. Pendant ce temps-là, le mari reste chez lui avec sa jeune épouse, et quand les sept jours sont écoulés, il donne un banquet où la première femme s'assied à côté de lui, et la seconde le sert à table. Dès ce moment la première épouse reprend ses droits, et l'autre est traitée par elle comme une fille chérie.

Quand un Galla meurt et laisse plusieurs enfans, l'aîné lui succède et hérite de tout, sans partage; il n'est même obligé, dans aucun temps d'en faire part à ses frères. Si le père vit quand son fils commence à se raser la tête, ce qui est un signe de virilité, il lui fait présent de deux ou trois vaches en rapport, et même d'un plus grand nombre, suivant sa fortune et son rang. Ces vaches, et tout ce qui en provient, demeurent à celui à qui elles ont été données. Le frère aîné est cependant obligé de donner à ses sœurs, lorsqu'elles se marient, tout ce que leur père leur avoit assuré de son vivant, avec tout ce qui en est provenu.

Quand un Galla devient vieux, et qu'il n'est plus en état de soutenir les fatigues de la guerre, il est obligé de céder ce qu'il possède, à son fils aîné qui, en revanche, n'a besoin que de le nourrir. Quand le fils aîné meurt, et qu'il laisse plusieurs frères, le plus jeune d'entre eux est obligé d'épouser la veuve, si elle est en âge de faire des enfans : mais ceux qui proviennent de ce mariage sont toujours regardés comme fils du frère aîné. Il y a plus ; le mariage du plus jeune frère avec la veuve de son aîné, ne lui donne aucun droit à la succession de cet aîné.

Il est, sans doute, très-curieux

de connoître la manière de se nourrir des Gallas, de savoir quel est ce genre de provisions assez faciles à charrier, pour leur permettre de traverser d'immenses déserts, et de tomber à l'improviste, sur les villes, les villages et les moissons des Abyssins. Ces provisions ne sont que du café rôti et pulvérisé, qu'ils mêlent avec du beurre, et dont ils font des boules assez consistantes pour pouvoir être portées dans des sacs de cuir, sans s'écraser. Une de ces boules, de la grosseur d'une petite bille de billard, entretient, disent-ils, leur force et leur courage, pendant toute une journée de fatigue, bien mieux que de la viande et du pain.

Ce qui est encore très-remarquable parmi les Gallas, c'est que leur langage diffère absolument de tous les idiomes usités en Abyssinie, et qu'il est le même à très-peu de chose près, dans toutes leurs tribus.

Avant leur entrée en Abyssinie, les Gallas n'avoient jamais entendu parler de la petite vérole. Cette maladie les attaqua dans une de leurs invasions. Elle fit tant de ravages parmi eux, que les provinces dont ils s'étoient emparés, devinrent à moitié désertes, et que, dans plusieurs cantons qu'ils occupoient, ils furent obligés de se reconnoître tributaires de ce même peuple qu'ils avoient fait trembler. Cependant leur soumission ne date que du commencement de ce siècle, et du règne de Yasous-le-Grand.

Si les Gallas ont mérité la haine des Abyssins par les ravages fréquens qu'ils ont commis en Abyssinie, il faut pourtant convenir que ceux-ci leur ont une grande obligation : ce sont ces Gallas qui ont fini par ruiner leur ancien ennemi, le roi d'Adel, désormais réduit à un état d'impuissance totale.

La victoire avoit toujours été fidèle à Sertza Denghel, quand un prêtre, fameux par son esprit prophétique et sa piété, vint l'avertir de ne point entreprendre une guerre par laquelle il se préparoit à punir les mécontens du Damot. Le roi, méprisant le message et le messager, déclara qu'il vouloit pénétrer sans délai dans ce pays ; et le prêtre se restreignit alors dans ses conseils. On assure qu'il pria le roi de se ressouvenir de ne pas manger du poisson d'une certaine rivière qui arrose le territoire de Giba, dans la province de Shat : mais le prince oublia le nom de la rivière et les avis du prêtre. Ayant mangé du poisson de cette même rivière, il tomba malade, et mourut à son retour.

L'auteur abyssin dit que le funeste accident qui mit Sertza Denghel au tombeau, se renouvela sous Yasous-le-Grand, époque à laquelle cet historien écrivoit. L'armée du roi étoit alors campée sur les bords de la rivière de Giba, et tous ceux qui mangèrent du poisson pêché dans cette rivière, furent empoisonnés, et moururent.

Sertza Denghel étoit d'un caractère humain, affable, et très-différent de son père Menas. Fortement attaché à l'église d'Alexandrie, il sembloit ne pas se soucier beaucoup des prêtres romains, ni de leur religion. Quand il en parloit, il blâmoit toujours leurs préceptes; mais il louoit leur sobriété et la sainteté de leur vie.

ZA DENGHEL.

De 1595 à 1604.

Dès que Sertza Denghel fut mort, peut-être même avant qu'il eût fermé les yeux, il se forma une conspiration contre le successeur de ce prince. Les conjurés se saisirent de la personne de Za Denghel, et le retinrent prisonnier : mais après quelque temps de captivité, il trouva moyen de s'échapper; et il se retira dans les montagnes sauvages qui bordent le Nil. Il remonta cependant sur le trône, et il embrassa la religion romaine. Ce règne et les deux qui le suivent, n'offrent qu'une scène de rebellion, de carnage et de meurtre, qui se termina par la mort du roi, tué dans une bataille qu'il livra à des révoltés.

JACOB.

De 1604 à 1605.

Le règne extrêmement court de ce prince fut agité par la révolte de

de Socinios qui lui fit la guerre.
Jacob fut tué dans un combat.

SOCINIOS.

De 1605 à 1632.

Socinios se voyant universellement reconnu par ses peuples, commença son règne avec une douceur, une modération à laquelle on ne devoit guère s'attendre. Il ne chercha point à se venger ; il pardonna avec la plus grande franchise à ses ennemis ; et quand ils se présentèrent devant lui, il les reçut d'un air gracieux, sans leur faire aucun reproche, aucune réflexion, sans même les priver de leurs emplois.

Cependant, ayant appris que

le maure Mahardin avoit donné l'exemple de manquer au respect dû à un roi, en portant la main sur Za Denghel, que ce Maure blessa le premier dans la bataille, il donna ordre qu'on le lui amenât à midi précis devant la porte de son palais; et là, il lui fit trancher la tête d'un coup de hache, pour venger la majesté violée.

Retiré à Coga, Socinios s'occupa avec le plus grand soin, à corriger les abus, et à réparer les pertes qu'avoit occasionnées une guerre longue et sanglante.

Les Portugais avoient toujours pris parti dans les guerres civiles des Abyssins. De quelque côté qu'ils se déclarassent, ils étoient malheureux : mais ils perdoient peu de monde, quel que fût le sort du reste de l'armée. Les troupes du pays n'osoient jamais leur tenir tête; et ils faisoient leur retraite avec la même sécurité que s'ils avoient remporté la victoire, parce que les vaincus avoient intérêt à ne pas les attaquer, étant presque sûrs de ne pas résister à leurs armes.

Socinios résolut de s'attacher ces étrangers. En conséquence, il commença par faire de grandes avances à leurs prêtres. Il appela le jésuite Paez à sa cour, où, après les disputes accoutumées sur la suprématie du pape, et les deux natures du Christ, une messe fut célébrée selon le rit romain, ce qui fit un grand déplaisir au clergé abyssin.

La province de Dembea qui s'étend autour du lac de Tzana, est la plus fertile et la mieux cultivée de toute l'Abyssinie. Mais elle a un inconvénient, auquel sont sujets dans ces contrées, tous les terrains qui manquent de pente. Il y règne des fièvres dangereuses, depuis le mois de mars, jusqu'à Heder michael, c'est-à-dire, jusqu'au 8 novembre, que la pluie commence à tomber.

Sur le côté méridional du lac s'élève, mais non pas très-haut, un rocher formant une espèce de promontoire, et s'avançant fort loin dans ce même lac. Il n'y a peut-être rien au monde de plus beau, de plus pittoresque que ce lieu. Les eaux l'environnent de toutes parts, excepté du côté du sud. Le climat en est délicieux. La fièvre n'y fait jamais sentir sa rage. La perspective qui borne le lac, ainsi que les montagnes qui environnent au loin la plaine, offrent une magnificence que ne peut concevoir l'imagination d'un Européen. La nature semble avoir formé ce séjour pour la santé, pour la solitude et le bonheur. Paez demanda ce promontoire; et le roi, dit-on, lui en accorda la jouissance à perpétuité. C'est du moins ce que dit ce jésuite; mais M. Bruce le contredit ici. Il atteste que les concessions à perpétuité sont inconnues en Abyssinie. Toutes les terres de l'empire appartiennent au roi. Il les donne à qui bon lui semble, pour le temps qu'il veut, et il les reprend de même. A sa mort, elles reviennent à la couronne, et son successeur en dispose de nouveau. Il y a plus : toutes les fois qu'il meurt quelqu'un de ceux qui jouissent de ces terres, elles retournent de même au roi, et le fils aîné de celui qui les possédoit, n'en hérite pas de droit. Il faut une nouvelle proclamation qui annonce qu'elles lui sont accordées. Alors il en devient maître pour toute sa vie, ou plutôt, pour le temps qu'il plaira au roi de les lui laisser ; mais à la charge de suivre le monarque à la guerre, et de faire tout autre service qui lui sera commandé. Les terres possédées par l'Abuna sont seules exceptées de cette règle : mais cette exception n'est l'effet d'aucun respect pour la sainteté de sa personne. Elle est fondée sur un traité, et fait partie de la constitution du royaume.

Les Abyssins furent frappés du plus grand étonnement à la vue d'un couvent bâti avec des pierres et de la chaux. Ils furent bien plus surpris encore, lorsque Paez entreprit de construire de la même manière, un palais que le roi lui avoit demandé. Ce palais est à l'extrémité la plus méridionale de la péninsule, dans un endroit nommé *Gorgora*. Les Abyssins éprouvoient une admiration mêlée de terreur, en voyant s'élever une maison sur une maison; car c'est ainsi qu'ils appellent un édifice qui a plus d'un étage.

Paez déploya, en cette occasion, toute son industrie et l'étendue de ses talens. Il fut à-la-fois, architecte, maçon, charpentier, serrurier. Le palais fut lambrissé en cèdre. On le divisa en appartemens de cérémonie, et en appartemens particuliers pour le roi, la reine et les personnes de qualité, attachées à la cour.

Avant de tenter sa fortune contre un imposteur, nommé Jacob, Socinios résolut de se faire couronner dans la capitale de la province de Tigré, dans Axum, avec toute la pompe en usage au couronnement des premiers rois d'Abyssinie.

La cérémonie commença, le 8 de mars, qui, selon les Abyssins, est le jour que Jésus-Christ fit son entrée dans Jérusalem. L'armée étoit composée e trente mille hommes. Tous les ourtisans, hommes et femmes, s'toient parés avec magnificence. L roi, vêtu de damas pourpre, ortoit une chaîne d'or autour du cou. Il avoit la tête nue; mais il paut monté sur un superbe cheval, chement caparaçonné; et il étoit environné de toute la noblesse. rrivé devant l'église, il rencontra es jeunes filles des Umbares, ou ages suprêmes, qui l'attendoient à droite et à gauche de la cour.

Deux es plus nobles de ces jeunes fies tenoient dans leurs mains, et la hauteur du sein, un petit coron de soie cramoisie, d'une teture peu serrée, et qui barroit le chemin, comme pour empêcher le roi d'entrer dans l'église. Le prince s'avançoit d'un pas très-modéré, retenant, autant qu'il le pouvoit, les mouvemens de son cheval. Mais quand la corde tendue l'arrêta, les vierges qui étoient de chaque côté, lui demandèrent qui il étoit? il répondit: «Je suis votre « roi, le roi d'Ethiopie.» Soudain les vierges répliquèrent, tout d'une voix: «Vous ne passerez point; « vous n'êtes point notre roi.»

Alors le roi se recula de quelques pas, puis il se présenta encore pour passer. La corde fut tendue de nouveau, et les jeunes filles lui redemandèrent: «Qui êtes-« vous?» Le roi répondit: «Je suis « votre roi, le roi d'Israël.» Les

vierges répliquèrent toujours : « Vous
« ne passerez point, vous n'êtes
« point notre roi. »

Le roi se retira encore : mais il revint pour la troisième fois d'un air plus décidé. Les vierges tendant leur corde, répétèrent leur question. « Je suis votre roi, le roi « de Sion ! » répondit le prince ; et tirant son épée, il coupa la corde en deux. Aussitôt toutes les vierges s'écrièrent : « Vous êtes notre roi, « le vrai roi de Sion ! » Alors elles chantèrent une hymne qui fut répétée par toute la cour et par toute l'armée, campée dans une plaine. En même temps on fit des salves de mousqueterie. Les tambours et les trompettes retentirent ; et au milieu des acclamations, le roi s'avança jusqu'au pied du grand escalier de l'église, où il descendit de cheval; et il s'assit sur une certaine pierre qui semble avoir été jadis un autel d'Anubis. Tout auprès est un grand morceau d'une autre pierre, morceau sur lequel on voit une inscription un peu effacée.

Après le roi, dans la cérémonie du couronnement, marche le nébrit, ou le gardien du livre de la loi, à Axum, qui représente Azarias, fils de Zadock. Ensuite paroissent les Umbares, ou juges suprêmes, successeurs des anciens des douze tribus, qui, avec Azarias, accompagnèrent Menileck, fils de Salomon, quand il apporta de Jérusalem, le livre sacré. Puis vient l'abuna, à la tête du clergé séculier;

séculier; puis l'itchégué à la tête du clergé régulier; et enfin toute la cour, qui passe entre les deux bouts du cordon de soie que le roi a coupé.

Le roi est oint, et couronné, après quoi, il monte les marches de l'église, accompagné des prêtres, qui chantent des hymnes et des pseaumes. Il s'arrête vis-à-vis d'un creux qu'on a fait exprès dans l'une des marches; et là, on le parfume avec de l'encens, de la myrrhe, de la casse et de l'aloès. On célèbre le service divin; et après avoir communié, le roi retourne au camp, où l'on consacre quatorze jours entiers aux festins, aux exercices militaires et aux réjouissances de toute espèce.

La forme de la couronne que portent les rois d'Abyssinie, est celle d'une sorte de capuchon. Elle est composée, tantôt d'argent, tantôt d'or, et quelquefois de ces deux métaux ensemble, tissus avec de la soie bleue. Elle peut couvrir une partie du front, les joues et tout le derrière du cou jusqu'aux épaules.

Suivant l'ancienne coutume, le roi, à son couronnement, est obligé de faire divers présens. On a spécifié dans le Deftar, ou livre du trésor d'Axum, la valeur de ces dons, le nom des personnes à qui ils sont dus, et le temps où il faut les faire. Le présent que le gouverneur de cette ancienne capitale du Tigré, à son tour, offre au roi, consiste en deux lions et un bandeau de soie, sur lequel est écrit : *le lion de la tribu de Juda et de la race de Salomon a vaincu*. Quand le roi accorde des terres, cette même devise sert pour l'investiture. Elle est alors écrite sur un ruban qu'on noue autour de la tête de la personne qui la reçoit.

Le règne de Socinios fut aussi marqué par des guerres étrangères et des révoltes. Ce prince irrité de la manière odieuse dont Gédéon, roi des Juifs, s'y étoit pris, pour troubler le royaume, donna un ordre des plus sanglans : ce fut d'exterminer tous les Falashas qui habitoient depuis Soggora, Jansakara et Bagernarwé, jusques auprès du Samen, ainsi que tous ceux qui étoient dans le canton de Bagla.

Cet ordre fut exécuté, et il ne s'échappa que quelques-uns de ces malheureux proscrits.

Dans ce massacre horrible et soudain, périt le roi Gédéon, prince très-estimé, non-seulement de ses sujets, mais encore de tous les Abyssins, et qui passoit pour immensément riche. Les trésors qu'il avoit, dit-on, cachés dans les montagnes, sont encore aujourd'hui, l'objet des recherches des habitans de ces contrées.

Socinios fit vendre à son profit les enfans qu'on avoit dérobés au glaive; et il enjoignit à tous les Falashas de la province de Dembea et des autres pays soumis à sa domination, de renoncer à leur religion et de se faire baptiser, sans quoi ils seroient mis à mort. Ils prirent le parti d'obéir. Dès ce jour-là, ces Juifs si cruellement *christianisés*, furent contraints de labourer leurs terres le jour du sabat.

Socinios ayant embrassé la religion romaine, écrivit au pape, pour lui faire part de sa soumission. On pensa que des lettres sur un tel sujet, étoient trop importantes, pour que le prince les envoyât, sans les faire accompagner par des gens qui pussent dans l'occasion, prendre le caractère d'ambassadeurs, et donner les explications et les assurances nécessaires.

L'on considéra en même temps, que la voie de Masuah étoit alors sujette à trop d'inconvéniens. Quelques personnes proposèrent la route la plus longue, mais qu'elles croyoient la plus sûre. Elles conseillèrent donc aux envoyés du roi, de passer par le Narea et les provinces méridionales de ce royaume, provinces habitées, tant par des payens que des mahométans, puis de se rendre à Melinde, sur les bords de l'océan indien, où ils pourroient s'embarquer pour Goa.

Arrivés à la cour du Benero, le souverain du Narea, les envoyés y furent reçus avec froideur. Un moine abyssin avoit persuadé à ce prince, que la mission de l'ambassadeur de Socinios et d'un jésuite qui l'accompagnoit, étoit de conduire en Abyssinie par le même chemin qu'ils suivoient alors, des troupes portugaises qui finiroient, tôt ou tard, par exterminer les Naréens.

Frappé d'un danger si prochain, le Benero tint un conseil, dans lequel il fut décidé qu'on s'efforceroit de détourner l'ambassadeur de son chemin direct, et qu'on le feroit passer dans le royaume de Bali, par une route plus dangereuse et plus longue. Ce royaume est au nord-est du Narea, à l'occident du royaume d'Adel qui le sépare de la mer.

Le Benero s'étant mis ainsi à l'abri du prétendu danger qui menaçoit ses états, fit un présent de cinquante crusades d'or, aux envoyés de Socinios, pour les défrayer de leur route; et comme ils devoient traverser le Gingiro, et qu'un ambassadeur du souverain de ce petit état, étoit alors à la cour de Narea, le Bencro se hâta de dépêcher ce ministre, et de recommander les envoyés à sa bienveillance, aussi long-temps qu'ils seroient sur son territoire.

Ils partirent donc. Après quelques jours de marche, ils arrivèrent au bord de la rivière de Kibbée, qu'on dit plus considérable que le Nil, et sur-tout infiniment plus rapide; de sorte qu'elle ne seroit pas guéable dans la saison des pluies, sans de grands quartiers de rochers, semés en abondance dans son canal. Le passage en parut effrayant à nos voyageurs. On avoit attaché des arbres du rivage au premier rocher; ensuite de ce rocher à un autre, et ainsi du reste, jusqu'à la rive opposée. Ces arbres étoient si élastiques que le poids d'une seule personne les faisoit plier. Le courant écumeux de la rivière étoit beaucoup au-dessous, et il formoit un abyme si profond qu'il faisoit tourner la tête à ceux qui passoient sur ce pont chancelant.

L'ambassadeur et le missionnaire crurent que s'aventurer sur ces longues et tremblantes pièces de bois, c'étoit se livrer à sa perte. Mais les dangers qui étoient derrière eux, triomphèrent de la peur que leur causoient ceux qui étoient devant. Ils aimèrent mieux courir le risque de se noyer dans la Kibbée, que de s'exposer à être massacrés par les Gallas. Il n'y eut cependant que les hommes qui purent passer la rivière. Les envoyés furent obligés de laisser leurs mulets de l'autre côté, en recommandant bien à leurs gens de les abandonner, si les Gallas paroissoient, et de se sauver du côté du pont dont ils jetteroient un des arbres dans l'eau, après qu'ils l'auroient traversé. Le lendemain, deux Gingiriens indiquèrent un gué que les mulets passèrent, avec beaucoup de difficulté, quoique sans aucun accident.

Il fut alors nécessaire d'avertir le roi de Gingiro de l'arrivée de la caravane et de lui demander audience : mais il se trouvoit en ce moment occupé d'une importante opération de magie, sans laquelle ce souverain n'ose jamais entreprendre rien.

Le royaume de Gingiro peut être regardé comme le premier de ce côté de l'Afrique, où soit établie, l'étrange pratique de prédire l'avenir par l'évocation des esprits et par une communication directe avec le diable.

Le roi de Gingiro trouva qu'il devoit laisser écouler huit jours avant que d'admettre à son audience l'ambassadeur et son compagnon, le jésuite Fernandez. En conséquence, le neuvième jour, ceux-ci reçurent la permission de se rendre à la cour, où ils arrivèrent le soir même.

Ils trouvèrent le roi assis dans une grande galerie, ouverte sur le devant seulement, et avec des degrés en dehors. Aussitôt que l'ambassadeur lui parla de la lettre qu'il avoit pour lui, le prince descendit les degrés, afin de la recevoir lui-même, et de prouver son respect pour le roi d'Abyssinie, dont il n'étoit cependant ni le sujet ni le vassal.

Le roi de Gingiro étant rentré dans la galerie, y lut la lettre; puis il fit dire aux voyageurs, que tout ce que portoit cette lettre, c'étoit de les bien traiter, de les protéger, de leur donner une bonne garde pendant qu'ils seroient dans ses états, et de les faire accompagner plus loin. En même temps, on les assura de la part de ce prince, qu'ils pouvoient compter sur tout ce que le roi d'Abyssinie lui demandoit pour eux.

Rien

Rien ne se fait dans le pays de Gingiro, sans le secours de la magie : on voit par là, combien la raison humaine se trouve dégradée à quelques lieues de distance. Qu'on ne vienne plus nous dire qu'on doit attribuer cette foiblesse à l'ignorance, ou à la chaleur du climat. Pourquoi un climat chaud induiroit-il les hommes à devenir magiciens, plutôt que ne le feroit un climat froid ? pourquoi l'ignorance étendroit-elle le pouvoir de l'homme, au point de lui faire franchir les bornes de l'intelligence ordinaire, et de lui donner la faculté de correspondre, avec un nouvel ordre d'êtres, habitans d'un autre monde ? Les Ethiopiens qui entourent presque toute l'Abyssine, sont plus noirs que les Gingiriens ; leur pays est plus chaud ; et ils sont comme eux indigènes dans les lieux qu'ils habitent depuis le commencement des siècles : cependant ils n'adorent point le diable, ni ne prétendent avoir aucune communication avec lui. Ils ne sacrifient point des hommes sur leurs autels : enfin on ne trouve chez eux, aucune trace de cette révoltante atrocité.

Dans les parties de l'Afrique qui ont une communication ouverte avec la mer, le commerce des esclaves est en usage depuis les siècles les plus reculés : mais le roi de Gingiro dont les états se trouvent renfermés presque dans le centre du continent, sacrifie au diable les esclaves qu'il ne peut vendre à l'homme. C'est là que commence cette horrible coutume de répandre le sang humain, dans toutes les solennités. « J'ignore, » dit M. Bruce, « jusqu'où elle s'étend au midi de « l'Afrique : mais je regarde le « Gingiro, comme la borne géo- « graphique du règne du diable du « côté septentrional de la pénin- « sule. »

La couronne de Gingiro est héréditaire dans une même famille; mais elle n'appartient point de droit au fils aîné. Elle se donne, par une sorte d'élection, à l'un des princes; et à cet égard, les Gingiriens ont la même coutume que les Abyssins.

Quand le roi de Gingiro meurt, son corps est enveloppé dans de la toile fine, et l'on tue une vache dans la peau de laquelle on met ce corps, avec ses langes. Puis tous les princes de la famille royale prennent la fuite et se cachent dans les halliers. Les Gingiriens chargés de l'élection, entrent dans ces halliers, et les battent comme s'ils chassoient. Enfin paroît un oiseau de proie, appelé dans la langue du pays, *liber*, qui vient planer sur le prince destiné à être roi. Cet oiseau crie et fait long-temps beaucoup de bruit, sans quitter sa place. Par ce moyen on trouve le roi, qui est environné, dit-on, de tigres, de lions, de panthères et d'autres bêtes féroces. On s'imagine que tout cela n'est qu'un effet de la magie et de la puissance du diable : mais il y a assez de ces sortes d'animaux dans le pays, pour donner matière à un pareil conte; et l'on n'y a pas besoin de sortilèges pour les rassembler.

Si l'on cherche le roi des Gingiriens comme une bête farouche, il agit à l'instant où on l'a trouvé, comme si vraiment il en étoit une. Il fond sur ses sujets avec rage. Il blesse, il tue, sans pitié, tous ceux qui sont à sa portée, jusqu'à ce qu'enfin, cédant à la force, il est porté sur un trône, qu'il remplit d'une manière, parfaitement analogue aux moyens qui l'y ont conduit.

Quoique plusieurs Gingiriens puissent chercher leur roi dans les buissons, il ne s'ensuit pas que la même personne qui l'a découvert, le conduise au lieu de son couronnement. Il existe une famille qui a le droit de disputer cet honneur aux premiers possesseurs. Pendant qu'on est encore dans le bois, les membres de cette famille attaquent ceux qui mènent le roi. On combat ; plusieurs personnes sont tuées, ou blessées ; et si les assaillans peuvent enlever le prince, des mains de ceux qui l'ont trouvé, ils jouissent de tous les honneurs dus à ceux qui font le roi.

Avant qu'il entre dans la demeure royale, il faut qu'on sacrifie deux hommes, l'un au pied d'un arbre qui sert de principal appui à la maison, et l'autre sur le seuil de la porte qu'on arrose du sang de la victime. M. Bruce assure qu'il a souvent ouï dire, en Abyssinie, à des personnes, venant du Gingiro, que les membres de la famille, qui a particulièrement le privilège de fournir les victimes en cette occasion, s'en glorifient beaucoup, et s'offrent d'eux-mêmes.

Différens obstacles suscités par la jalousie du clergé abyssin, s'opposèrent aux progrès du voyage de l'ambassadeur et de son compagnon, qui coururent plusieurs dangers et revinrent à la cour de Socinios sans aucun avantage pour l'objet qui les avoit décidés à cette pénible entreprise.

Cependant les lettres que Socinios et les jésuites avoient écrites à Rome, y étant arrivées, le sacré collége jugea convenable d'envoyer un patriarche en Abyssinie. Celui-ci fut reçu avec éclat. Le prince le fit placer à sa droite, mais sur un siége moins élevé que le sien. Dans cette audience qui eut lieu, le 16 février 1626, il fut décidé que Socinios prêteroit serment à la chaire de Rome. Cette inutile, cette vaine et ridicule cérémonie se fit avec toute la pompe et le faste d'un triomphe payen. Le palais fut orné avec la magnificence et la vanité mondaine auxquelles l'église de rome, et surtout les jésuites avoient solennellement renoncé.

Le serment de Socinios fut suivi des plus grands troubles et de révoltes. Après avoir versé beaucoup de sang, le monarque laissa la liberté de conscience à son peuple, ce qu'il fit, dit-on, sur les représentations du prince Facilidas, son fils, à qui, en même temps, il remit le gouvernement de l'état.

Socinios abdiqua l'empire, le 14 juin 1632, et il mourut le 7 septembre de la même année. Ses cendres furent déposées dans l'église de Ganeta-Jesus qu'il avoit bâtie. Il professa la religion romaine jusqu'au dernier moment de sa vie. Ce prince fut remarquable par sa force de corps, comme par son grand courage et l'élévation de son ame.

FIN DU TOME SECOND.

BIBLIOTHEQUE NATIONALE

www.ingramcontent.com/pod-product-compliance
Lightning Source LLC
Chambersburg PA
CBHW051901160426
43198CB00012B/1696